神田明神のこころ

大鳥居信史 編著

春秋社

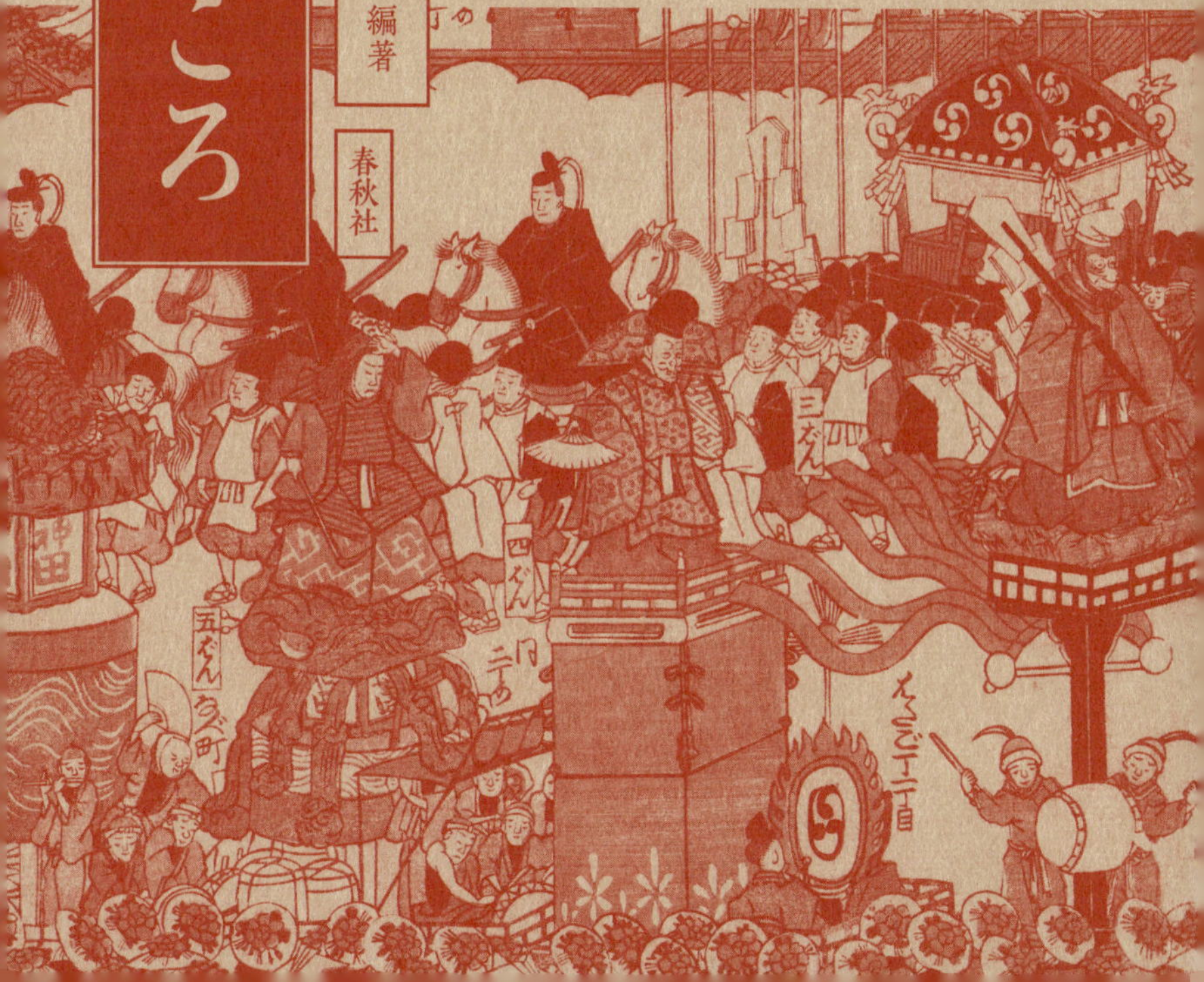

はじめに

神田明神は天平二年、現在の大手町の将門塚周辺に創建され、江戸幕府が開かれるにあたって外神田の地に遷座されました。それ以降、神田明神は「江戸総鎮守」として、将軍はじめ江戸の庶民たちから親しまれ信仰される神社となりました。

そして明治から現在に至るまでも、都市の中の神社として多くの人々に親しまれてまいりました。折りしも、過去から未来へと続く歴史の中で、神田明神は間もなく創建一千三百年を迎えます。

そこでこのたび、創建一千三百年記念事業を取りおこなうこととし、その一環としてこのほど「文化交流館」の建設をはからせていただきました。人と文化が交流して新しいものを創造していく場としての神社の役割を、この文化交流館に託していきたいと思っております。

これから日本を訪れる外国人をはじめ、多くの日本人の参拝者の方々に、神道のこころ、江戸の文化、ひいては日本の文化というものを、新しい時代にふさわしいかたちで、都心の神社から文化発信してまいりたいと思っております。

神道は、日本人のこころとともにありますが、また時代とともに変容を遂げてきた文化でもあります。これからの新しい御代を迎えるにあたり、神田明神は、新しい時代にふさわしい古くて新しい神社をめざして、神田祭に代表される伝統のこころを大切に継承しながらも、さまざまなサブカルチャーをはじめとする秋葉原など現代の文化を取り入れながら、つねに変容し「常若」の精神をもって、人々の心に寄り添い親愛される都市の神社でありたいと願っております。

本書は、そんな神田明神と神道のこころを、多くの読者の方々にお伝えしたいと願って書かれました。ご一読いただければ幸いです。

執筆にあたっては、第Ⅰ章を宮司インタビュー対談とし、第Ⅱ章・第Ⅴ章を清水祥彦権宮司が、第Ⅲ章・第Ⅳ章を岸川雅範権禰宜が、分担して執筆いたしました。

最後に本書の刊行に際し、春秋社の神田明会長、澤畑吉和社長、佐藤清靖編集取締役、楊木希編集部員ほかの皆さまのご尽力に御礼申し上げます。

平成三十年十一月一日

神田神社宮司

大鳥居信史

神田明神のこころ

目次

神田明神のこころ

I　神田明神のこころ

創建一千三百年に向けて

――神田明神は間もなく創建一千三百年を迎えられるそうですね。

宮司　ええ。ご承知のように、当神社は天平二年に創建ということですので、一〇年後に一千三百年を迎えることになります。

――平成のはじめに「平成のご造替事業」ということで、境内すべての建物が整備されましたね。

宮司　私が宮司を拝命したのは昭和六十二年、それから数えて今日まで三十有余年になりますが、神田神社に初めて奉職したのが昭和三十九年です。早いもので、それから五十数年になりますね。

敗戦により神社にお参りする方も少ない時期が続きましたが、昭和五十年に御神門が造営された頃から参詣者が増えてまいりました。宮司就任以来、次々に境内整備をおこなってまいりました。清浄な境内には人が集まり、神職・巫女たちも、整備された境内を見ることにより、気持ちも入れ替わり、明るく朗らかに生き生きとした目標を持ってつとめてくれるようになります。

——参拝者はずっと右肩上がりとうかがっています。何よりでございますね。

宮司　おかげさまで就任以来、一度も前年を下回ることなく今日を迎えております。何としてもやはり、お参りする方々に気持ちよくお参りしていただくことに努めなくてはいけません。

私は少年時代から父親とともに、毎朝、境内をお掃除することが日課でした。神社は常に清浄であって、気持ちよくお参りできるようにと、常々神職にも申しております。お掃除から一日が始まります。そうしたことが奏功したのか、年々歳々、お参りの方が増えております。

——私たちの春秋社も氏子と申しますか、旧境内に社屋を構えておりますが、とりわけここ数年、お正月などは本当に参拝の方が多いですね。境内から溢れ出るばかりですね。

宮司　お正月、お祭り、節分祭など、ご参拝の方が多くいらっしゃっていただけるので、境内が大変手狭になって、ご迷惑をおかけしています。これをなんとかしなくてはならないということで、平成のご造替事業を計画しまして、十年ほどかけて境内施設を調えてまいりました。

御社殿・御神門の修復を平成七年に完成させ、引き続き資料館の造営、さらに神札授与所・休憩所をかねそなえた鳳凰殿を建て、集会施設としての祭務所の建設、社務所分室の建設など、諸施設の充実とともに、神社関係資料の蒐集にも力を注いでまいりました。

これからの一千三百年事業に向けては、文化事業を推進するための「文化交流館」の建設にあわせて、正月・節分・例祭などの神事の賑わいの手狭さを解消するために、参道神域の拡張をおこないました。

——大事業ですね。

宮司　お祭りの時には、かれこれ百台ほどのお神輿が朝から晩まで続く宮入参拝がおこなわれます。参道拡張により、危険なく、神輿渡御がおこなわれるものと思います。

——都市の中の神社ですからね。

宮司　限られた境内をいかに有効に活かすか、お参りしやすくするか。それが一番の懸案です。

新たに文化交流館を建てて、愈々、社殿などの塗り替え、お屋根銅板の葺き替え、境内整備、また文化事業として社史編纂など、創建一千三百年に向けての事業を向こう十年の間におこなっていこうと計画をしています。

だいぶ境内の様相も変わると思います。これから氏子の皆様の協力を得まして、境内八社の摂・末社と境内緑化についての総合計画を進めてまいりたいと考えています。

――鎮守の森作りでもあるわけですね。

宮司　ええ。ちなみに、ちょうど春秋社さんのある場所は、もともと神社の社家の跡地で、戦後氏子総代で千代田区長をなされた市村駒之助さんのお住まいでしたね。

また向かい側には、日舞の若柳流家元・若柳寿慶さんのお屋敷もありましたね。宮本公園も、もともとは社家地で、江戸時代には国学者の荷田春満が京都から江戸へ出向いて学問所を開いたのが、おそらく春秋社から宮本公園のあたりでしょう。そこで学ばれた弟子が賀茂真淵です。また荷田春満の娘さんが社家の芝崎神主のところへ嫁入りいたしました。このようなご縁で、荷田春満のご子孫で、第一勧業銀行の頭取をなさった羽倉信也さんなどが中心になって、境内に「国学発祥の碑」を建てられたのです。

もう一つは江戸千家の茶室がありました。これも旧社家地です。川上不白が江戸で、公家茶・武家茶を、庶民に茶道を広めようと、境内に蓮華庵や花月楼が建てられました。これも春秋社さんのあたりかもわかりませんね。かつては宮本公園のあたりまで、一体が境

神田神社社殿（国登録有形文化財）

内地だったようです。

御祭神、将門公のことなど

――神田明神はずっとこの地にあったのですか。

宮司　創建の地というのは、武蔵国豊島郡芝崎村。今の大手町あたりですね。その当時は、ひなびた寒村だったと思います。そこに出雲の真神田臣といわれる一族が入り、祖神・出雲の神、大己貴命が祀られました。大己貴命は、大黒様と親しまれ尊崇されております。境内隣りに平将門公の首塚があり、鎌倉時代に入って怨霊を鎮めようと、時宗二祖真教上人により御祭神に祀られました。

江戸開府により江戸城拡張に際し、帝都の方位の問題で、表鬼門守護の地として現在地に移されたのです。元和二年のことです。一昨年、この地に移って四百年のお祭りをしました。

――神田明神は、江戸城の表鬼門なのですね。それで遷座された。それまでは、いまの大手町のあたり。首塚は、まだそこにあるのですね。

宮司　真教上人により将門公が神田明神にお祀りされたのは、その当時、疫病や天変地異があって、これはすべて将門公の祟りではないかと、村人は恐れおののいた。その時に、時宗二祖の真教上人がご供養をして、神田明神の御祭神として勧請されたのです。

日輪寺という時宗のお寺がございますが、そうしたご縁により、将門塚例祭には、読経奉仕をいただき、日輪寺の将門公の法要に参列、互いに交流を深めております。

――そうでしたか。平将門公は、いわゆる祟り神ですね。菅原道真公などと同じように。

宮司　神道はどこまでも、そうした人知にかなわないものを神と認めてきました。ですから、人並み以上のお力のある方を神とされる例はいくらでもあるのです。

――こちらの御祭神は大己貴命、少彦名命、そして平将門命、通称は、だいこく様、えびす様、まさかど様として親しまれておりますね。

宮司　昔から神田明神というと、平将門公をお祀りされているというのが年配の方々の認識のようで、将門公へのご信仰が強いですね。若い方は、だいこく様、えびす様との認識のほうが強いかもわかりませんが。やはり、強きをくじき弱きを助く、という将門公のところを、江戸の人々は慕ったのですね。しかし京都へ行きますと、その評価はいまだに違いますね、少しは変わってきているようですが。

じつは、三、四日前にも行ってきましたが、四条烏丸のごく近くで、平将門公の首が晒された場所に神田宮と称される小祠がありました。いまはそこに京都神田明神として将門公をお祀りしているのです。江戸時代から続く材木商の総代、遠藤達藏さんの娘さん、平野徳子さんより土地・建物を寄贈していただき、勧請いたしました。その昔、将門公の首は夜な夜な胴体を求めて飛んで行き、力尽きて落ちたのが大手町だと称されています。それほどに恐ろしいことだったのでしょう。そんなわけで、京都でもお祀りをしています。

——江戸時代は幕府の庇護のもと、江戸の総鎮守とも称されました。ところがその江戸幕府が倒れて、明治に入ってからは大きな変動もあったのではないですか。

宮司　そうですね。御祭神平将門公は、当時は朝敵扱いをされていました。明治七年に明治天皇がご親拝されるにあたり、祭神に将門公が祀られていることを知り、まかりならんということで別殿に移され、二の宮に少彦名命をお迎えして、親拝なされたと伝えられています。

それをふたたび昭和五九年に御祭神に復古し、三の宮としてお祀りされております。NHKの大河ドラマで平将門公が主人公の『風と雲と虹と』(昭和五一年)でしたか、あれ以来、関東の英雄、将門公への関心が高まり、尊崇の念が高まってまいりました。

大震災と神田明神

——歴史をざっくりうかがっていますが、とりわけ明治以降、戦争や震災で苦難があったということですが、御神殿は鉄筋コンクリート造りなのですね。当時としては大変珍しいケースですね。

宮司　大正十二年の関東大震災で、社殿をはじめ境内諸建物すべて烏有に帰し、昭和五年ころから復興計画がなされました。いろいろ議論されたようですが、その結果、鉄骨鉄筋コンクリートに本漆を塗り込めた建物となりました。こうした耐火社殿は日本で最初だそうです。平成十五年に、社殿はじめ八棟が国登録有形文化財に登録されています。

建築家伊東忠太監修のもとに、早稲田大学教授佐藤功一と大江新太郎の設計によって造られました。いかに木造建築に近づけるかということがテーマであったようです。

したがって、戦災により境内建物すべてが焼失するなか、御社殿のみが戦火を免れました。東日本大震災の前に、耐震診断をして、中に鉄骨を入れたりして耐震補強をしました。非常に頑丈にできているそうです。木造建築に近づけるために、柱の数も必要以上に施され、強度が保たれているという結果が出ました。

――関東大震災で倒壊した後、当然、木造で再建したいという人が多かったでしょうね。そういうなかで、鉄骨鉄筋に踏み切ったのはすごい英断ですね。

宮司　神職はもちろん、氏子総代をはじめ、江戸というのはもともと燃える都市という一面がありましたが、それではいけないという思いがあったのでしょうね。

――もちろん東日本大震災のときも大丈夫だったのですね。

宮司　ええ。あの震災の時にびっくりしたのは、御神門から御社殿のあたりに多くの人が集まってきたのです。その時に脳裏をよぎったのは、神戸の神社のことです。阪神淡路大震災のときに御神門も御社殿も落ちてしまったのです。それを思って、「建物には近づかないで」と境内の放送で何度か流したことが思い出されます。

電話も通じなくなったあの時いちばん喜ばれたのが、ラジオのニュースを境内に流したことです。情報が何よりも必要とされた時でしたから、大層喜ばれました。

――地震のニュースですね。

宮司　あの時はそればかりでしたからね。電話も鳥居の脇の公衆電話だけが通じておりましたが、長蛇の列ができていました。

大黒様の左右に春日灯篭がありますが、大揺れに揺れて倒壊寸前でしたが、なんとか崩れずに済みました。その後すぐに石屋さんに安全補強をしていただきました。おかげさまで御社殿の方は一切被害がありませんでした。

――それはなによりでございました。

浄める――お掃除のこころ

――ある日、私は仕事で外に出ていて会社に戻る途中でした。神田明神の前まで来たら、宮司さんが神社の前を、御神門のあたりで、箒でお掃除をされていたのです。思わず私は、「宮司さん」とお声をかけましたね。

宮司　そうでしたね。どうしてみずからお掃除をといわれましたが、これは神職の基本なのですね。私たちは朝起きると、神社の境内を掃除するということを教えられてきました。

私はいまでも毎日、率先してお掃除をしております。気持ち良くお参りしていただくためには、境内のお掃除が大事なのです。それは常々、職員に厳しく言っております。

——清掃、掃除が大切なのですね。

宮司　神社祭祀はお祓いから始まります。清浄を旨としていますから、そこで境内が荒れていたのでは、その心が通じないのではないか。いつ来ていただいても、気持ちよくお参りできるように、境内はいつも清浄に保っておかなくてはいけないのです。

——神道というと、正直とか、誠とか、そういう言葉をよく聞きますが。

宮司　浄く、明るく、正しく、直く、これが神社奉仕の元になっています。ですから神職の階位というものに、上から順に、浄階、明階、正階、権正階、直階、とあります。あわせて身分に等級がありまして、四級、三級、二級、一級、特級、とあるのですね。どちらも神社本庁より授与されます。

——神道の根本というか、大切にしていることが、そこに表れているのですね。神道は理屈ではないと、よく言われますね。

宮司　いわゆる教理というのがありませんからね。教義は、日本人の生活そのものなのですね。

――神社には年中行事というのがあって、正月からさまざまな行事が行われておりますね。

宮司　細かくは由緒書きに記されていますが、決まった行事が月々にあります。毎月一日、一五日を月並み祭と称して、氏子中の安寧を祈ります。それから年の始めは、まず元旦祭、その前には除夜祭がありますが。いってみれば、それは日本人の生活習慣態度そのものです。

年中行事とともに、生活や人生の、年間のリズムがつくられていきます。誕生して、お宮参りがありますね。それから、七五三、成人祭、結婚式、やがて還暦、米寿などなど。お祝い事のたびに氏神様にご報告感謝し、健康を祈願してお参りする。これは日本人の生活そのものですね。

人の力ではどうにもならないことを、神様にお伝え感謝して、お参りするというのが、日本人の生活態度ではないでしょうか。ですから、年中行事と人生の節目とは、生活や人生そのものといいますか、一体のものなのですね。

――なるほど。いま境内にある「茅の輪」というのは、大祓いの神事でしょうか。

宮司　水無月と師走の大祓いがありまして、その時に茅の輪を出すのです。神話の禊ぎ祓いを起源として、宮中においておこなわれていた大祓が、中世以降に民間に広まってまいりました。
われわれが日常、知らず知らずのうちに犯している罪・穢れをすべて脱ぎ去って、清らかな体になろうというのが、大祓いです。

人形（ひとがた）という、紙に名前や年齢を書いて息を吹きかけ、お持ちいただいたものにお祈りをし、大海原に流す。それを形代流却神事といいます。

水無月の大祓のときは、六月三〇日に大祓いをして、七月三日に東京湾へ船に乗せて流すのです。最近は海を汚すといけないので、お焚き上げをして、一部の灰を海に流す、というかたちをとっています。

かつては、御座船を先頭に五色の吹き流しを飾り、お囃子を奏でながら大海原へと進んでいきました。なんともいえない風情がありましたね。

――それは昔から続いているのですか。

宮司　明治以降、少なくとも戦後は、欠かさず続けられています。隅田川が一時、公害で汚染され悪臭を放つようになり、城ヶ島や木更津、大洗など、清い海を求めて流浪の旅といいますか、そんな時代もありましたね。東京湾も少しきれいになってきたというので、浦安から一〇年間ほど船を出しました。いまから十五年ほど前からは、隅田川が大変きれいになったので、柳橋の船宿に戻ってまいりました。

――罪・穢れを祓う、大切な神事なのですね。

若者とコラボする明神さま

――そういえば神田明神の境内には、神馬の「あかりちゃん」がいますね。神馬というと白馬のイメージがありますが、あかりちゃんはかわいいポニーですね。

宮司　たまたま、元ＪＲＡの職員だった神職がおりましたので、飼育することにいたしました。神馬「神幸号」と名付けて、通称「あかりちゃん」としました。ご神馬を養っている神社は全国的にも少ないですね。

将門公は非常に馬を大切にしていて、相馬の野馬追い神事のように、戦場で使う馬を訓練したりしていました。繋馬というのを、将門公の紋所としています。

こうした将門公のご縁もあって、境内では大きな馬は飼えませんので、小型のポニーを飼うことにしたのです。お参りの方もかわいがってくれています。毎日散歩させてくださる方や、日常の世話をしてくださる方もいて、まことにありがたいことですね。

――いずれ白馬になるんですね。

宮司　当社のポニーは蘆毛といいまして、歳をとるにしたがって白くなっていくんです。生まれながらの白馬は数少ないんですね。

――文化的な面では、神田明神と東方学院と湯島聖堂の三者の合同で、神・仏・儒のシンポジウムや講演会を続けていらっしゃいますね。

宮司　今年で一〇年になりますか、あの秋葉原殺傷事件が契機となりました。人の心が荒れすさんでいる、どうしたらみなが幸せになれるのか。そんなことを語り合い、発信しようということで、神道の神田明神、儒教の湯島聖堂、仏教の中村元博士の東方学院、この三者で毎年シンポジウムや講演会などを開いています。

――神・儒・仏の三教は日本人のバックボーンでもありますね。

宮司　東方学院の奈良康明先生は昨年お亡くなりになりましたが、大変お骨折りいただき、今日まで続いているのです。これからも発信していきたいと思っています。

――神田明神はサブカルチャーとのコラボもやっていらっしゃいますね。ちょっと意外ですが。

宮司　伝統というのは作られていくものですからね。現在の世相を表すものとして、アニメ文化やIT文化というものがありますね。その聖地が秋葉原であって、しかもそこは神田明神の氏子でもあるわけです。多くのアニメファンがお参りにまいります。せっかく参拝の方がいらっしゃるのですから、神社としても受け入れ、対応して、コラボするといいますか、互いに協力し合い、神社に関心を寄せていただきたいと思っています。

——若者の参拝は増えているのですか。

宮司　いまは参拝者の七、八割が若い方ですね。見ている限りにおいては、ここを舞台としているアニメ「ラブライブ！」などのファンの方が多いようです。いろんな格好でやってまいります。

でも、彼らはきちっとお参りするんですよ。それは感心で、いたずらも見受けられませんし、境内を汚すこともありません。現代のアニメ文化を通して、若者の信仰心が培われているようにも思います。

それから最近の傾向で、若い方の御朱印集めの参拝が多いですね。御朱印は神様のお守りや神札と同じということで、お参りをされる方に授与いたしております。

いまは本当に、若い方がお年寄りに負けずに、きちっとお参りをしていきますね。鳥居や御神門の出入りの際には、大半の方がお辞儀をしています、驚くほどにきちっと。いわゆる神社の参詣者の傾向は、若者に移ってきているという感じがしますね。

――神社仏閣というと、どうしてもお年寄りのイメージがありますが、全国的にも若者が増えているのでしょうか。

宮司　傾向としては、増えているのではないでしょうか。こちらはとくにそうですが。

――以前から神田明神は、野村胡堂の銭形平次とか、マンガ「こちら葛飾区亀有公園前派出所」、通称「こち亀」ですか、そういったコラボもありましたね。

宮司　「こち亀」の作者秋本治先生より、絵巻を奉納していただきました。資料館に展示してありますが、現代風刺絵巻というのでしょうか、見事なものです。将来は現代の世相を知る貴重な史料になるかもしれませんね。

銭形平次の碑はどこですかと訪ねられる方も来られますが、さすがに最近の若い方は銭形平次はわからないですね、そこは年配の方です。

文化交流館をめぐって

――参拝ということでは、こちらは企業参拝も多いそうですね。

宮司　私が宮司になって一番最初にしたことですが、元々、銀行などの参拝は多少あったのですが、企業の方々に少なくとも年に一度は、氏神様へご参拝いただくようにお願いをしてまいりました。いまでは、社長さんをはじめ社員揃っての昇殿参拝が年とともに増えてまいりました。ご祭神のえびす様は商売繁盛の神様ですし、大手町・丸の内という氏子界隈は、企業のメッカでもありますからね。

多くのご参拝をいただき、おかげさまで文化交流館といった大がかりな文化施設が建てられるようになったわけです。そうした神社信仰をいただいているありがたさを、日本の伝統文化をお伝えするなどして、少しでもお返しして社会に貢献してまいりたいと思っています。

――やはりすごいことですね。文化交流館についておうかがいしたいと思います。

宮司　創建一千三百年記念事業として、もう少し年をおいて進める予定だったのですが、オリンピックもございますので、日本の文化を多くの外国人の方にお伝えしたいとの思いから、羽田や成田に着いて、まずこちらで日本の文化を学んでいただいて、それから日本各地へと足を運んでいただこうではないかという発想もありまして。もちろん、日本の方にも日本の伝統文化・江戸文化・神道文化などを理解してもらいたいという気持ちもあって、「文化交流館」という名としました。

――日本文化、神道文化、江戸文化というのが大きなテーマなのですね。

宮司　これからどのように運営するかということが大きなテーマですが、神職・職員一同、頑張っております。十二月十三日の竣工祝賀会には、人間国宝の尾上菊五郎丈、菊之助丈、音羽屋一家二代お揃いで、舞台の柿落しのご奉仕をしていただきました。

――文化交流館ができて、また神田明神のイメージが変わりますね。

宮司　そう思っております。文化交流館の一階には、神札授与所・参拝受付のほか、飲食、お土産の物販など、お参りの方が楽しめてくつろげる場所が設けられています。地下には、文化交流施設、着物ステーション、また二、三階吹き抜けの大ホール。四階には、神社の貴賓室・会議室に、屋上庭園があります。

そこにはまた、ピカソ最後の弟子といわれる松井守男画伯――長らくフランスで活躍し、レジオンドヌール勲章を受章された画伯の壁面絵画も展示しております。

――海外からの参拝客というのは多いのですか。

宮司　いま見ていますと、土・日はとくに、半数は外国人ではないかと思います。最近は西洋系の方が多いですね。ありがたいことですが、お参りの仕方も日本人の姿を見習って参拝しています。神社神道は排他的宗教でなく何をも受け入れる包容力があるので、抵抗なくお参りしてくださるようです。

それから感心なことに、添乗員などがついている場合にはお参りの指導もしていますね。絵馬やおみくじについても説明をして。それで、五円玉は「ご縁」とまで教えてですね、五百円玉でやっていただけたらよろしいですね（笑）。

――海外の方にとっても文化交流館は魅力的でしょうね。

宮司　そうですね。文化交流館がよき日本文化の発信の場になることを願っています。平成三十年度までに、日本への外国人旅行者も三〇〇〇万人以上といわれていますので。お参りの情況を見ても外国人が半分くらいとみられる時代です。

神社・日本の伝統文化などを伝える場としても、大いに活動したいと思っています。行

夏越大祓式

政や旅行業社ほかの方々の理解・協力をいただきながら、日本文化を発信していきたいと考えています。

神田祭について

——来年は天皇即位・改元の年となりますが、神田祭についてうかがいたいと思います。

宮司　平成三十一年は本祭りの年でもありますので、ご即位奉祝の祭りとして盛大に斎行いたします。神田祭は江戸時代、将軍上覧の祭りとして、当社と赤坂日枝神社が一年交替で城内に参内いたしました。そのことから、御用祭・天下祭とも言われました。

世に三大祭はいろいろとありますが、三大都市の祭りということから、江戸の天下祭、京都の祇園祭、大阪の天満祭、これを称されたのでしょう。江戸においては、将軍上覧の神田祭、山王祭、根津祭を三大祭と称されました。それがいまでは、三大祭についてはいろいろなとらえ方がありますが、神田祭は必ず入っていますね。

——いずれにしても神田祭は盛大なお祭りですね。

宮司　もともと明治、大正の半ばまでは、神輿ではなく山車の祭りでした。古くは一本柱万度型といいまして、城門をくぐるのに都合のよい型の山車でした。絵巻などにも描かれています。

のちに町々競い合って、豪華な「江戸型の山車」となりました。両国に江戸東京博物館がありますね。そこに神田祭の山車が復元されています。

静岡県掛川の三熊野神社の祭りで、往時の神田祭の山車行列を偲ぶことができます。何度か神田祭にお越しいただきました。

——お祭りというのは、もともと神様の神事が本義ですね。

宮司　神田祭は、神様をお乗せした鳳輦・神輿を中心とした大行列の巡行・神幸祭と、氏子神輿の宮入参拝があります。神幸祭の行列には、附け祭として、神田神社にご縁のある相馬の野馬追い武者行列をはじめ、数々の山車や大神楽が加わり大行列となります。

神田明神は氏子が一〇八か町ありますが、氏子中を祓い清めながら神様が親しく渡御します。神様が氏子を見守り、氏子の安全発展を祈るという意味合いがあります。ですから、氏子は神様の神幸を待ち望んでおります。

——そこに住む氏子の方たちは、それぞれ町の神輿を担ぐわけですね。

宮司　神輿振りは、日本人の魂が蘇るような感じがいたしますね。わざわざ重いものを担いでですね。

――氏子の神輿は何台くらいあるのですか。すごい熱気と活気で担がれますね。

宮司　氏子が多いだけに、大小二〇〇台ではきかないと思います。神社に宮入参拝する神輿はおよそ百台ほどですね。参拝時刻がきめられ、朝早くから夜まで切れ目なく続きます。

――附け祭というのは昔からあるということですが、自発的なものなのですか。

宮司　かつてはそれぞれの町で競い合いながら出し物を決めていたのですね。神様の鳳輦・神輿の後に続いた行列が付け祭りで、いまでいう仮装行列のようなものです。

古式ゆかしいものもありますが、江戸時代には徳川将軍の上覧を仰ぐということで、町々が互いに競い合って立派な出し物を創作し合いました。たとえば大江山の鬼であるとか、要石となまずの山車などもありました。いろんなものが出るわけです。それをいま神社では復活させています。昨年も、現代的なものもふくめて、たくさんの山車が出ましたね。

――お祭りにも時代的な変遷があるのですね。

宮司　氏子の熱意はいつも変わりませんが、お祭りの形態というのは、時代とともに変化しておりますね。不易流行といいますか、変わらぬものと変わるものと、新しいものと伝統的なものと、どちらも大切にしてまいりたいと思っています。

宮司への道

——神田明神は、神田神社が正式名称ということですね。

宮司　神田明神は通称で、ずっとそう言われてきましたが、戦後に社名を神田神社としました。明神というのは正確にはご神号ですので、正式には宗教法人神田神社といいます。

そういう例はいくつもあって、たとえば亀戸天神と言いますが、正式には亀戸天神社。古くは亀戸天満宮ともいわれました。天満宮といえば、菅原道真公を祀る太宰府天満宮が本社ですが、亀戸天満宮とは深い関係にあります。さらに大鳥居家とも関係するのです。

太宰府天満宮は、菅原大鳥居、菅原小鳥居の両家が社家として、平安朝から三〇代から四〇代にわたってお仕えしております。江戸明暦の時代に、菅原大鳥居信祐という先祖が全国に天神信仰を広めながら、九州より江戸に来て、本所亀戸村にお社を造って、東の宰府、東宰府天満宮と称しました。それが亀戸天満宮、亀戸天神です。それ以来、大鳥居家は一四代になりますか。

――そうしますと、宮司は大鳥居というお名前ですから、そのご縁とつながって。

宮司　私の父親は、神田神社の宮司として昭和二十年より五十七年まで奉仕しておりました。その間、父は私の従兄弟の早世により、氏子の懇願もあり亀戸天神社の兼務宮司として社家を継承し、子女の成長までおつとめしておりました。

――亀戸天神とはそういうご縁がおありだったんですね。そういう意味では、神田明神には芝崎家という社家がありましたね。

宮司　ええ、長く続いた芝崎家でしたが、激動の明治の頃に継承者がいなくなってしまったのです。国学者本居宣長の曾孫、本居豊穎氏が明治六年に社司となり、次に明治二十七年に平田盛胤氏が社司となられました。こちらも国学者平田篤胤の曾孫でした。それから私の父が昭和二十年に宮司を拝命いたしました。

――それで父上の跡を継いで、宮司になられた。宮司は大学を出てから、神職一筋なのですか。

宮司　大学を出てから一年、神職の資格をいただくために専攻科へ進み、卒業して明治神宮に二年間ご奉仕しました。その後、父に戻されまして、神田神社にまいりました。

――大学は國學院大学でしたね。こちらに奉職されたのは昭和三十九年とうかがいましたが。

宮司　葛飾の住まいする熊野神社で神職を拝命したのは、高等学校を終了して直階位の神職資格を取得した昭和三十四年です。以来、六十年となります。

――六十年ですか。半世紀以上にわたりますね。

宮司　葛飾の熊野神社では幼稚園を経営しておりますが、これも父が神田神社の宮司をつとめておりました頃、敗戦により参拝者も少なく苦しい時代で、職員の給料支給もままならない時期でした。「戦後の復興はまず人づくりから」との強い信念のもと、教育は幼児から始めなくてはならないと、全国の神社界に「鎮守の森に幼稚園を」と唱え、みずから昭和二十三年に幼稚園を開設いたしました。

いまでは神社やお寺の幼稚園というのはそう珍しくないですが、当時の神社界では、最初に設立された幼稚園だそうです。

――先見の明があったのですね。

宮司　戦後間もない頃ですからね。いまも三二〇人の園児がいます。幼稚園の卒業生も一万人に達するほどになりました。

――意義ある、大変なことですね。

宮司　敗戦直後の苦しい時代といいますか、当時の神田神社の日誌に、職員給与支給の苦労が書かれていました。幼稚園では月々、保育料として現金収入がありますから、それをやり繰りして、給与が支払われたという苦しい時代があったようです。

神社の森というのは、幼児教育には一番ふさわしいのではないか、という父の思いがあったと思います。その後、東京でも約三〇園くらいの幼稚園が神社境内に開園されました。父亡き後、園長を引き継ぎましたが、十年前に文部大臣賞をいただき、宮殿におきまして天皇陛下よりお言葉をたまわる光栄に浴しました。

神田明神の目指すもの

——戦後は多くのご苦労があったのですね。

宮司　そういう話は先輩諸氏からも多く聞いております。おかげさまで、宮司拝命より三十三年になりますが、年ごとに参拝者も増え続けて、大変ありがたいことです。

——なにか秘訣はあるのでしょうか。

宮司　基本的には、やはり、清浄という神道の教えを守り、正しく人生を歩むのが何よりだと思います。それには境内のお掃除。これは神職の基本であり、すべてであると思っています。

――すべては掃除から始まる、と。そういうなかでも、長く奉職される中で、いろいろなことがあったのでしょうね。

宮司　宮司になったころの境内は駐車場として広く使われていましたが、やがて二層駐車場化などにより、参道に面する車を排除して美化につとめ、神社本来の活動が盛んになるにしたがい、限られた境内のなかで屋上庭園や藤棚をつくり、境内緑化に力を注いでまいりました。

さらに資料館・祭祀殿の建設、錦絵・氏子関係資料の蒐集を進め、資料展示品の充実を図りました。文化交流館の建設は、ある意味で神社活動の集大成でもあります。

やはり、神職はお参りされる方々のお気持ちを覚ることが大事だと思っております。そうすれば自ずと、神社がどうあるべきかが浮かんでくるのではないかと思います。それから常に進歩ということが大事です。たんなる伝統の継続だけではいけないので、新しい伝統づくりといいますか、そういったことがあってこそ、真に進歩発展するのではないかと思っております。

——神田明神はこれからも東京の人々のシンボルであり続けると思いますが、これからの神道、これからの神社のあり方について、一言お願いします。

宮司　祭祀を厳修することはもちろんですが、まずは、氏神神社は地域の人々から慕われ、愛される神社であるべきだと思います。

神田明神でいえば、限られた境内をいかに緑化推進できるかということも大きな課題の一つです。もともと鎮守の森は、神々が降臨するところですからね。人々の憩いの場、癒しにつながるお社づくりを考えています。摂・末社をおまいりしながら境内を一周すると、そこに清水が流れているような、そんな庭園をつくれればと夢見ております。

——多くの人に親しまれるお社であってほしいですね。

宮司　文化的なソフトの面では、まずは文化交流館から日本の伝統文化・神道文化・江戸の文化を伝えていく使命があるかと思います。江戸総鎮守として、大いにやっていかなくてはならないと思っています。

江戸総鎮守という称号を徳川幕府からいただいたわけですから、いわゆる東京を代表する、大きくいえば日本を代表する、そんなお社であってほしいと願っています。

Ⅱ　神道と日本人について

お祓いとお浄め・罪と穢れ

Q　清らか、清浄、お祓い、お浄めということを、神道では大切にしますね。

A　神職は毎朝、身を清めてから箒を持って境内を清掃して、その後、朝拝で大祓詞を奏上します。そのことが象徴しているように神社は、境内の清浄な環境と神職自らの心身の清浄さを大切にします。掃除そのものがお祓いでもあり、それが自分の心を清浄にしていく行為であるということ。そういうふうにご理解いただければと思います。

　このように、神職が毎日毎日、清浄を旨とした日常奉仕を重ねていくように、皆さまもぜひ、日々のご生活の繰り返しの中に、清らかであることを常に意識をなされてお過ごしになることが望ましいと思います。四書の一つ『大学』の「日に新たに、日々に新たに、また日に新たなり」という言葉にも通じるのではないでしょうか。

Q　罪や穢れという概念は、お祓いやお掃除と、どう関連しているのですか。

Ａ　清浄を旨とする神道では、罪・穢れは最も忌み嫌う概念です。ですから、なるべく罪や穢れに触れないように神職は行動します。汚れた場所があればお掃除を率先してする。しかし、あまりにもその点にこだわり神経質になりすぎてしまうと、その行動や社会性が制限されてしまいます。

ですから私自身は、神道はバランス感覚（中庸）を大切にする教えだと考えていますので、時には穢れや罪があったとしても前向きに対応して、社会全体への視座を失うことなく、本旨である清浄（お祓いやお掃除）を日々繰り返しながら日々を生きていきたいと思っています。

Ｑ　罪・穢れには、どう対応していけばいいのでしょうか。

Ａ　清浄な心身を保ちながら生活をしていくことが大切ですが、それだけでは現代の社会の中では、充分な活動ができなくなることがあります。時には、罪や穢れの世界に敢えて踏む込む勇気も必要ではないのかと思っています。もちろん罪や穢れにどっぷり漬かるのではなく、罪や穢れを取り除くために、清浄な本分を見失うことなく対応する心構えも必要ではないかと思います。

神社を取り巻く世界は、いい意味でもわるい意味でも非常に保守的な世界です。しかし現代社会に求められている理想像を私なりに考えると、やはり災害時や社会福祉への対応などは、これまでの対応を見直しながら多くの方々の期待に添えるような行動をとれるように、しっかりとした罪・穢れへの対応をしていきたいと思います。

神社の理想は、お祭りを通じて、地域社会のコミュニケーションをより親密にしながら、弱者に対するあたたかい眼差しや、生老病死という個々人の苦しみへのケアのあり方などを深化して、世のため人のために活動することができるようになれば幸いです。

神道の聖性について

Q　そういう大きな課題もあるのですね。
A　神社は公共的な開かれた性格も有していますが、実は閉じられた場でもあります。お寺さんと違って門や塀に囲まれていないので、お参りが二十四時間誰れでも自由にできますし、ほとんどが拝観料も取りません（笑）。最近の観光地の神社では参拝者の七割近くが外国人だといわれているくらいです。

しかし肝心なところは、誰でも自由にというわけではありません。例祭を始めとする重要な祭祀に参列できるのは、限られた関係者のみという場合が多いのが実情です。誰でも自由に参拝はできますが、重要な祭祀は限られた方のみで営まれる。そういう意味で神社が持つ聖性のあり方は、これから国際化していく時代の中で深く考えていかなくてはいけないことがたくさんあると思います。

Q　確かに神社は遅くまで開いていますし、多くのお寺と違い出入りは自由ですね。

A　神社とお寺の違いは、実は深いところに淵源があります。神社は二十四時間ウェルカム（歓迎）でありながら、時として近くへ行けないことがあります。そもそもの神社は共同体の祈りの場としての側面が重視されてきました。ですから個人の祈りの場としての側面は重視されてこなかったという歴史がありました。それが神社をめぐる複雑な社会構成を示す真の姿ではないかと思います。

Q　それはたとえば、神様のそばに土足で踏み込むことはできない、というようなことです

神田祭　神輿宮入参拝

か。

A　もちろん神道は礼を大切にする教えですから、土足で踏み込むことを忌避することが多いと思います。清少納言の『枕草子』に「遠くて近きもの、極楽、舟の道、男女の仲」とありますが、神様が鎮まる場所（神社）は、遠いようでありながら実は、自宅に神棚があるように身近なところにもあります。そのように神様と人間の距離は変化自在です。

日本人は、神様そのものを論理的に証明しようという営みをしてきませんでした。仏とは神とは何かを繰り返し問い続けてきた仏教やキリスト教のような宗教とは、まるで違うスタンスです。そして神社は「言挙げせず」という教えを大切にしてきました。物事を論理的に説明するという仕組みが馴染まない、そういう文化伝統で受け継がれてきました。

ですから、自己主張と情報開示を大切にする現代という時代の中では、神道が土足で踏み込んでくるものを拒む姿勢を取っていると誤解されることがあります。

Q　あえて言挙げしない、それをよしとするということですが、主張がないわけではないのですね。

A　ですから、言挙げ＝自己主張という概念そのものが、日本人の生き方の中では馴染まないですね。自己主張が強い人はあまり好まれない。自己主張による対立を招くような構図を日本人は基本的に好みません。

一神教の場合は対立の構図が常に明確に表されていますが、八百万の神々がいる神道では、むしろ寛容性が大切にされてきました。自己主張による対立を相互が寛容性で薄めるという日本人の傾向性があるように思えます。

神道の多様性

Q　日本人の精神的傾向性ということですが、神道はそれを明確に自らの根本に据えているわけですね。

A　そうですね。そのあたり、幾つかのキーワードがあります。神道には、「中今」（なかいま）を尊重するという考え方があります。神道の場合は、現在・過去・未来という仏教のような三世にわたる因縁を重視する考え方をとりません。禅にも似たような考えがあるかもしれませんが、「いま、この瞬間」を大切にします。前世や来世に捕らわれるような生き方は否定します。

そして中今は常に「常若」（とこわか）であれという教えもあります。「常若」は、常に若く生き生きとした生命力に満ち溢れた状態をよしとする概念です。さらに「産霊」（むすび）というのは、常に新しい生命を生み出して再生を繰り返すことによって、発展していくという概念です。

神道は、民族宗教として受け継がれてきました。時代によっては、仏教の影響によって理論化された時期もありましたが、神道そのものは自ら積極的に、体系化して理論的に闘争するということはありませんでした。

対立した仏教をも受け入れて、神仏混淆、神仏習合という多神教ならではの新しい文化を創造したのも、神道がとった一つの方向性でした。ともかく神道は多様性が根本です。さまざまな神道があり、けれどもどれが正しいか異端か、という判断をせずに、互いに認め合って協調して今に至っています。

ですから、ある意味では宗教性を深化させずに、現実的な側面を優先する文化として神道は理解されています。

中今、常若、産霊——神道のキーワード

Q 「中今」というのは、過去・未来がない。今だけということでしょうか。

A 死生観を含めて過去を顧みる文化がないわけではないのですが、過去を因縁として強調することはしません。また未来へ過重な憧れを抱いたり未来に全てを託するものではなく、今この瞬間をいかに生きて力を集中させるかを第一義としているということです。

神職ではありませんが、日本人のこころを体した江戸時代の経世家として知られている二宮尊徳翁の和歌と言われている「この秋は雨か嵐か知らねども　今日のつとめの田草取るなり」という歌があります。

この歌の意とするところは、「暑い夏の日に農民は、秋に台風が来るか大雨が来るか、わからない。かりに台風が来て稲が全滅するかもしれないけれど、今日の今しなければならないことは、目の前の草を引き抜いて稲の育成を援けること。それに全力で集中しなければならない」という。そのように過去も未来も思い煩うことなく、目の前の今日の勤め

「中今」をしっかりとこなすことが大切であるという、日本人のまさに神道のこころを教えてくれる和歌もあります。

Q　興味深いですね。過去を考えないのではない。未来をないがしろにするのでもない。けれども、「中今」、いまここを生きる、というのですね。

A　そうですね。それはたとえば、禅のお坊さんも千日回峰行の行者さんも言っていらっしゃることではないでしょうか。そういう達人のお気持ちはみな、「中今」と同じだと思います。過去の因縁にしがらみを持って生きるのではない。日々の勤め、一挙手一投足の全てが、ひとつの修行であり、「中今」の象徴としての今を生き抜くことが、日本人としての神道的な生き方の理想ではないかと思います。

Q　「常若」というのは、西洋でいうような永遠の若さというのではないのですね。

A　ええ。伊勢神宮が二十年ごとに遷宮をするように、年月の経過とともに、美しい白木の柱も茅葺屋根も朽ちていきます。おそらく最先端の技術で加工すれば、白木や茅葺の寿命も長くすることができますが、敢えてそれはしない。自然に朽ちていくことに任せる。

朽ちて、やがて崩れ亡びる。その運命を受け入れた上で、新たに一から造り直すことを繰り返していくことによって、永遠の命を継承する。

ギリシャやローマの白亜の大理石の神殿や神像が永遠の美しさや若さを誇るのとは違い、儚い生命も連続性によって永遠の命を体現することができる、そういうシステムが常若の精神だと思います。

いま、西洋の話が出ましたが、ギリシャ神話やキリスト教の永遠の概念は、神道的な時間の感覚では理解しづらいですね。諸教に散見する地獄のように、永遠に責め苦を受けるような時間の感覚は、神道の中には見いだせない考え方ではないでしょうか。

Q　植物が朽ちて、やがて種から芽が出ていくということと、パラレルに考えていいのでしょうか。

A　そうですね。新しい命が芽生えるということ、その根源が「産霊」の精神です。命の生成発展の原点が産霊という言葉で表現されます。

「むすび」の「むす」は物事を生じる意があり「ひ」は神霊の力を象徴する意があります。「結び」という言葉も、男女の縁をはじめ、別々のものを一つに結ぶことによって新しい生命を授かる仕組みであり、お弁当の「おむすび」も、料理で「蒸す」（むす）ことも、「息子」（むすこ）も「娘」（むすめ）も、同じ語源から生まれてきた言葉ではないかと思います。

Q　その意味では、「常若」や「産霊」というのは、「よみがえり」ということと密接に結びついているのですね。

A　日本神話にはイザナギ（男の神様）が黄泉（死者）の国から帰ってくる話があります。イザナミ（女の神様）が火の神を出産されたときにホトが焼けて死んでしまう。黄泉の国へ旅立ったイザナミをイザナギが迎えに行き、途中まではイザナミを引き戻すことができましたが、最後は見てはならないというタブーを犯してしまったことで、妻を取り戻すことができずに、二人は永遠の別れに至る、という物語の展開になっています。

その別れの際にイザナミは無念のあまり「お前の国の人間を一日一〇〇〇人、殺してやる」と言うのです。すると、イザナギは「それならば私は産屋を建て、一日一五〇〇人の子を産ませよう」と言い返して、黄泉の国から帰ってくるのです。

これが「よみがえり」（黄泉帰り）という言葉の所以でもあります。そして死にゆく命を遥かに超える新しい命の誕生を言祝ぐ、「常若」への賛歌でもあります。

またたとえば、大国主命（大己貴命）は妬む兄弟たちによって二回も殺されていますが、そのたびに母の助けによって、「よみがえり」を果たしました。そして「常若」のごとくに永遠の命を継承していくことになります。

「あらみたま（荒魂）」と「にぎみたま（和魂）」

Q　神田明神の御祭神である大国主命（大己貴命）ともつながっていくわけですね。

A　大国主命（だいこくさま）は、多面的な要素を持った神様として日本神話には描かれています。はじめから完結したパーソナリティではなく、さまざまな欠点や失敗を犯しながらも、それぞれに学んで偉大な神様になっていかれます。しかし一神教の神様のように初めから絶対的な存在ではなく、多数の神様と競合しながらも、謙虚に自身を成長させることによって偉大な神様になることができました。

Q　神道の世界は面白いというか、なんとも不思議な世界ですね。

A　古代の日本人は、神霊は決して一つではなく多様な側面があると考えていました。その側面を二つに大別して「荒魂（あらみたま）」と「和魂（にぎみたま）」と名付けました。一人の神様には、荒々しくたけだけしい「荒魂」の側面と、やさしくあたたかい「和魂」の側面と、両面があるのです。

さらに「和魂」には、「幸魂（さきみたま）」と「奇魂（くしみたま）」の働きがあると言われています。「幸魂」は幸せを人に与える働きであり、「奇魂」は人智を超えた霊妙な力を人にもたらす働きといわれています。

こうした多様な側面は、一人の人格でも時には怒り、時には優しく和み、違う側面を見せることがあるように、神々の四つの「魂（みたま）」のそれぞれの特長が相互に作用を及ぼして、神道の多面性を表現しています。

さらに神々には、「禍津日神（まがつひのかみ）」という方もいらっしゃいます。この神様は果たして、善なる神様なのか悪神なのか、しばしば議論されることもあります。キリスト教で言えば、アダムとイブを誘惑したサタンは果たして神様かどうかということですが、神道では、善神であれ悪神であれ、悪も時には善になり、善も時には悪になると考えて、それぞれを否定せず受け入れる、多面的な価値観を並存させることを大切にしてきました。

仏教の親鸞上人の悪や罪に対する意識は悪人正機説といわれていますが、神道では、そもそも善人も悪人の側面があり、悪人にも善人の側面があると信じてきましたので、親鸞上人のお考えと近い点もあるように思います。

Q　キリスト教には原罪というのがありますね。

A　神道には、原罪や性悪説という概念は、基本的にはありません。アダムとイブが犯した永遠の罪である原罪の理論や、人間の性を悪とみなす考えは、神道に見出すことは難しいです。むしろ性善説に近いのではないでしょうか。ですから、祓いを繰り返すことによって罪・穢れを祓い退けて、清新な自己を取り戻すことが大切とされています。

人間は本来、無垢なる赤子のようなもの、——赤ちゃんが本当に善なのかどうかはさておいて、我々の祖先はそのように考えてきたのでしょう。それは「浄・明・正・直」という神道が大切にする価値観とも、つながってくるものと思います。

現世利益の願いについて

Q　神道というのは本当に多義性のある教えですね。神社には、たくさんの人がお参りに来られて、さまざまな祈願をしますね。

A　確かに正月の初詣には大勢の方が神社に来られて幸せを求めて参拝をなされます。誰しもが商売の繁盛や開運、家族の無事平安などを願うことと思います。人間にとって成功や幸せを祈ることは、不確定な将来に対して具現化したい願望を神様に表明することによって、自らの意志を固めて前向きに生きる力の源にすることができる効能があると思います。

祈りは、人間が前向きに生きていくためには、とても大切な宗教的な行為ではないかと思います。しかし祈る行為が安易な現世利益を求めるだけの「他力本願的な神頼み」では、やはり効能は少ないのではないかと思います。祈るという行為を通して、真剣に神様と対話して行動することから、新たな道が開けていきます。

宗教は心の整理を手助けしてくれるものです。迷い苦しむ時はもちろん、平生の状態においても、心の安定を保つために神社にお参りをして、素直な気持ちで祈ることは推奨されます。できうることであれば、欲望と化した祈りではなく、「ありがとうございます」という感謝の祈りを毎日捧げることができるようになるのが理想ではないでしょうか。

Q　あえてお聞きしますが、現世利益の願いについて、こういうふうにするといいですよ、というのはあるのですか。

A　風が吹けば風になびくように、家族が病気であればそれも大事な祈りだと思いますし、日々の生活に満ち足りていらっしゃれば、ただ感謝の祈りだけでいいでしょう。どうしなくてはいけないというものではなく、その時々、自分が置かれた「中今」の状況の中で、聖なるものとしての神様との対話という祈りであれば、いいと思います。素直に、心のままに。それがたとえ欲得まみれの願望であっても、自分の素直な心に準じているのが一番なのかな、という気がしないでもないですね。

神道の可能性とは

Q　神道と一口にいっても、神社神道もあれば教派神道もあります。神道には、さまざまな系統の違いがあるのですか。

A　確かに神道には、多くの流れがあります。伊勢神道、吉田神道をはじめ、神仏が混淆した教えや、近代になって創案された神道まで、そもそも神道には定義がありませんから、解釈する人によって千差万別の信仰になります。むしろその多様性こそが、どんな時代でも状況でも固定化することなく柔軟に適応できうる、神道の可能性を表しているのではないでしょうか。

Q　神田明神であれば、ひとまず神社神道にカテゴライズされるわけですね。

A　確かに神田神社は、神社本庁という全国の約八万社の神社が所属している宗教団体の一員です。仏教もそうだと思いますけれど、禅宗にせよ、浄土真宗にせよ、それぞれの教学と歴史に基づき各種の教派や教団を組織して、価値観の共有をはかりながら後継者を育成して存続してきました。

神社本庁は、教学的にも多様性を尊重する組織であると思っています。そうした意味でも神田明神は、歴史や伝統を尊重しながらも、現代社会に柔軟に適応することができる神社でありたいと考えています。

お祭りと日本人の一生

Q　神田祭は大きなお祭りですが、そこには神社はどのように関係するのでしょう。

A　祭りが人生の生きがいであるという日本人がたくさんいます。生まれ育った郷土を愛して、郷土の象徴である氏神様を尊崇しながら、その祭りに参加して地域社会の多くの人々と生きていることの喜びを分かち合うことは、日本人が理想としてきた生き方でもあります。

神田明神の氏子として生まれ育った人は、まず生まれると神田明神で初宮参りをして、境内で遊びながら成長すると、次に七五三のお参りをします。さらに成長すると神田祭の神輿を担ぎながら地域社会の人々と助け合って生活を営み、子供や孫に囲まれて晩年を迎えて、亡くなると葬儀の棺桶には神田祭の祭り半纏を入れてもらって、鳶の木遣りに送られてあの世へ旅立つというのが、氏子の人生の縮図でもありました。

人生と神社での諸祭（祭り）が常に相応しながら人間の生き方が全うされていくというモデルは、現在では少数になりつつありますが、それだけ神社と人々の結びつきが強固であり、それだけに祭りが盛大に華やかに彩られていきます。

Q　人が老いて、死んでいく。そのときは多くの場合、お寺が関係しますね。

A　日本人は、仏教が伝わるとやがて死の儀礼を仏教に託するようになり、神道は生きている者たちの儀礼に特化して祭りをおこなうというように、神仏を使い分けてきました。さらに神仏は互いに離反するのではなく習合する道を選び、日本人の死生観は、民俗的な思考をモチーフにしながら、神道と仏教によってさまざまに脚色されて現在に至っています。

仏教では、死者は僧侶によって引導が渡されて、解脱して仏様になるというのが、一般的な解釈なのかもしれません。しかし近代になって柳田国男や折口信夫をはじめとする民俗学者がさまざまな研究で、死んだ人の魂はどこへ行くのかということを追及してきました。

彼ら民俗学者が説くには、まず死者の魂は自宅付近の草葉の陰で過ごし、やがて歳月とともに浄化されて郷土を見下ろす山の頂に登るとともに、個々の霊魂は、やがて祖霊に統一されて神に昇華して、山の麓にいる里人を見守ると解釈しました。それが仏教流入以前の、神道という言葉すらない段階での、日本人の死生観だと民俗学者は説きました。

私たちは近代的な知識が先行して、死者の魂の本当の姿を受け止めることが困難になってしまいました。神や仏の真実の姿に触れることができなくなってしまった近代人の悲哀がそこにあります。

神道における死者の魂は、黄泉の国に鎮まるものと神話には書かれていますが、神道は、死後の魂の行方をそれ以上に複雑に理論化して説くことはせずに、さまざまに解釈されることを受け止めてきました。人はとかく明確で納得のいく解釈を求めるものですが、曖昧模糊とした神道の死生観もそれはそれでよしとするような、物事を決め付けない神道的なありかたの典型のように感じます。

Q　なるほど、そういうことであるのですね。

A　これまでご説明したことなどからもご理解いただけるように、多様性を尊び、一貫した理論性を忌避してきたことが、神道が日本人の基底に連綿と流れている理由ではないでしょうか。そのように思います。

Ⅲ　神田明神の歴史

創建から江戸時代までの神田明神

〈神田明神、正式名称は神田神社〉

神田明神の正式名称は、神田神社。首都東京の中心・千代田区に鎮座する神田明神は、一〇八町の人々の氏神として崇敬されている。東京都心一〇八の町とは、神田、日本橋、大手町・丸の内、秋葉原、江戸神社奉賛会（青果市場の守護神）、築地魚河岸会（魚市場守護神）である。

神田明神の創建は、天平二年（七三〇）のこと。荒井嘉敦『江府神社略記』（享保十五年〈一七三〇〉）に「社家伝説曰、当社八人皇四十五代聖武天皇御宇、天平二年〇紀元一三九〇年。鎮座也。」とあり、京都で天平文化が花開いた奈良時代のことであった。

出雲氏族で大己貴命の子孫・真神田臣の一族が、東国・武蔵国豊島郡芝崎村（現在の東京都千代田区大手町・将門塚周辺）に祖神を祀って社を築いた。そして真神田の「神田」をとって神社の名とし、さらに地名の「神田」もここから生まれたと神社の由緒では伝えている。

真神田氏については、六国史の一書『日本三代実録』に載る貞観四年（八六二）の記録によると、大三輪神（大己貴命の幸魂奇魂）の子孫・大田田根子の後裔に真神田朝臣全雄がおり、その系譜に連なる真神田氏の一人物が祖神・大己貴命を祀り神田明神を創建したのであろう。

なお、その他の説として「神田」の由来には様々な説がある。例えば、平将門公の「からだ」が転訛して「かんだ」となったという説や、将門公の「かため」がなまって「かんだ」になったという、将門公が片目を射抜かれたという伝説からつけられたものなどがある。また「神田」を「みとしろ」と読ませ、伊勢の神宮に奉納する初穂を作る神の田んぼ＝神田（みとしろ）から名づけられたという説もある。

大己貴命《おおなむちのみこと》は大穴牟遅神、大己貴神とも表記し、建速須佐之男命（素戔男尊、素戔嗚尊などとも表記）の御子神と言われている。『出雲国風土記』などで国土造成神とされ、少彦名命と力を合わせ国土経営の事業を行われた。その後、天孫降臨に先立ち国譲りをして幽冥にお隠れになり、島根県・出雲大社に祀られ、幽冥《かくりよ》（死後の世界）の主宰神としても崇敬される。大国主神、葦原色許男神、八千矛神、宇都志国玉神、大物主神など多くのお名前をお持ちになる大神である。宝永七年（一七一〇）に書かれた『神田大明神縁起』には、「國造大己貴神」とある。怪我をした兎をたすけるいわゆる「稲葉の白兎」の神話が有名。国土開発、殖産、医薬・医療に大きな力を発揮されたところから、国土経営、病気平癒、夫婦和合、縁結びの神様として現在も崇敬されている。

〈平将門公と神田明神〉

その後、九百年代、武士のルーツ「兵《つわもの》」を指揮した平将門《たいらのまさかど》公（図1）が天慶の乱により没し御首は京都へ運ばれた後、所縁の者たちが東国へ持ち帰り神田明神周辺に塚を築いた。そして月日が流れ、塚が荒廃し天変地異が頻発し疫病が流行して周辺に住む村人たちを苦しめ、将門公の御神威として恐れられた。そこに東国廻国中の時宗遊行僧・真教上人が立寄り、村人たちに乞われ将門公の御霊を供養し『蓮阿弥陀仏』の法号を授与し、「平将門　蓮阿弥陀仏　南無阿弥陀仏　徳治二年」と記された板碑を建立した。これにより天変地異が止んだという。上人は近くに芝崎道場日輪寺を開基し、延慶二年（一三〇九）、塚にほど近い神田明神に合祀し村の鎮守とし、以降人々により手厚く祀られた。

平将門公は、東国、承平・天慶年間、猿島郡、現在の坂東市周辺を本拠地とした武士の

図1　平新皇将門公御真影

ルーツ「兵」として、自ら戦さの先頭にたつ勇ましさをもって関東の政治改革をはかり、弱き者たちを助ける優しい心をもって命がけで民衆たちを守った。将門公のこの性格は、江戸っ子たちにも受け継がれ、江戸が義理人情の町となったという。

将門公ほど、後世多くの伝説・伝承が語られ遺された歴史上の人物はいない。それらは将門公没後より、京都で語られ、東国そして全国で作り出されて「将門伝説」と呼ばれている。そして現在もオフィスビルひしめく東京の千代田区大手町の将門塚を中心に、「都市伝説」などとして生みだされ続けている。

その一端を記せば、将門公は鉄身を持ち唯一こめかみが弱点であった、また、七人の影武者がいたなどという超人伝説、『平家物語』『太平記』へと取り入れられていく死なぬ首の伝説など。さらには、仏教・末法思想の影響のもと、将門公の子・壬生良門や如蔵尼がその慰霊により功徳を得るという子孫伝説、これは近世に至り、江戸の庶民文化に採り入れられ歌舞伎などで演じられ復讐譚に作り変えられていった。また、中世の東国武士の間では、自らの始祖を将門公に求める系図が形成され、特に千葉氏と相馬氏は、将門公の子孫として、将門公を頂点する東国武士の世界を築いていった。

そして、将門伝説で最も有名な「怨霊伝説・御霊信仰」では、凄まじい祟りで人々を苦しめ、やがて神に祀られることにより逆に最も強力な守護神へと昇華していったのである。これは、かつての日本の神々の特徴的な示現の仕方、祟りという神威により神へと祀られていく、その系譜にも通じている。

将門伝説にまつわる伝説の地も、日本全国に多く存在する。特に将門公を神として祀る神社や塚が最も多く、六十例以上を数える。神田明神や将門塚をはじめ、東京都二十三区内に築土神社や鎧神社、奥多摩には将門神社、千葉県に将門神社、茨城県に国王神社、岐阜県に御首神社と、どの神社も今なお手厚く神事が行われ参拝者が絶えない。

千年近くもの年月が流れても、なおも物語られ続ける「将門伝説」。それは色あせることなく、さまざまな形で息づいている。平将門公の生きざま、そして後の人々による共感や感謝がなせるわざといえよう。

〈徳川家康公を勝利に導いた神田明神〉

戦国時代、太田道灌が江戸城を初めて建立し、さらにその後に江戸城を治めることになった北条氏綱らにより、関東がますます開かれていった。こうした名だたる武将たちも神田明神を手厚く崇敬し、やがて江戸時代にいたると、江戸とともに神田明神も大きくなっていくことになる。

かつて神田明神が鎮座していた地は大木が生い茂って森の中にあったところから、太田道灌は「神田社頭にて詠める」と題し、

なきつれて声よりこえにますらをの　心もかかる夜半のかりがね

と歌ったという。また北条氏直の時代には、千石もの社領が与えられたということからも、戦国武将たちの崇敬心があつかったことがうかがわれる。

神田明神ではかつて神事能が行われていた。毎年九月十六日に行われていたが、大永四年（一五二四）、北条氏綱が江戸城主・上杉朝興を攻め落して武蔵国を治め、そのために神事能は延期となり次の年に行われた。このことを氏綱は吉例として喜び、それ以来、神事能は二年に一度行われるようになったという。

北条氏の家臣として江戸城将・城代をつとめた遠山氏も神田明神を崇敬していたようで、当時の神主芝崎氏への書簡などが残されている。神田明神の神主をつとめた芝崎氏はもともと北条氏の家臣であったという記録も見られるので、北条氏はじめその家臣たちの神田明神への崇敬もあつかったであろうことが推測できる。

徳川家康公との関係は、天正十八年（一五九〇）八月一日に家康公が江戸に入ってきた

時からであった。江戸に入府した家康公は多くの江戸の社寺に社領を与えたが、その時、神田明神にも武運長久を祈念して、黒印で江戸豊島郡赤阪今井村に三十石の社領を寄進した。

江戸時代後期に書かれた『神田大明神御由緒書』によると、徳川家康公より数えて八代前の先祖・世良田次郎三郎親氏（後に松平太郎左衛門、後の徳阿弥）が神田明神に開運祈願を行ったところ、霊夢で神田明神より梅の折枝を授与され、梅の数ほど子孫を得て子孫長久繁栄の吉瑞を得られると告げられたという。

慶長五年（一六〇〇）、天下分け目の関ヶ原の戦いが起こると、家康公は上杉景勝及び石田三成討伐のため、神田明神で戦勝を祈願し戦いに臨み、神田明神の神職たちは合戦勝利の祈祷を毎日かかさず修した。すると不思議なことに、九月十五日神田祭の日に家康公は勝利し、後に天下統一を果たした。家康公は以後、神田明神をあつく信仰し神田祭を絶やすことなく行うよう命じた。ちなみに現在、神田明神で授与している勝守《かちまもり》は、この関ヶ原の戦いの家康公と神田明神との歴史にちなんで、多くの参拝者に授与している。

〈江戸城表鬼門守護の地〉

慶長八年、家康公が江戸幕府を開くと、同年四月に江戸城拡張のため神田明神は駿河台の地に仮遷座された。駿河台の遷座地は、後に宝永七年（一七一〇）頃、武家茶道を立ち上げ小堀遠州と呼ばれた小堀遠江守宗甫の屋敷になった地であった。同年、江戸城内平川に祀られていた徳川将軍家の氏神・江戸山王権現社（現・日枝神社、千代田区麹町に鎮座）が、仮遷座中の神田明神境内へ同じく仮遷座することを命じられ社殿が建立された。これは当時の神田明神神主・芝崎宮内少輔が、江戸山王権現社の神主も兼務していたためであった。

神田明神神主をつとめた芝崎氏は式部少輔（文安年間〈一四四四〜四九〉）から美作守・従五位好定まで十五代続いた。文政九年（一八二六）の十四代好善による芝崎家系図に「芝崎越後　平姓諱不知　天文六年丁酉三月朔日卒、将門之苗裔也」とあり、将門公の子孫でもあった。

芝崎氏は二代越後守の時代より神田明神と江戸山王権現社を兼務していたが、芝崎宮内大輔勝吉の代にいたり、勝吉の弟・右衛門に日吉氏を名乗らせ江戸山王権現の神主をつとめさせることになった。その後、右衛門に嫡子がいなかったため勝吉の子・清房あるいは勝房が養子となり、江戸山王権現社の造営について御神宝などを神田明神の形式で新調した。さらにその娘・千代松と駿河浅間の社司惣社昌勝次男・新太郎が結婚するが、新太郎は不慮の事故で没したため、その嫡子・大松が清房の跡を継いだ。元禄十年（一六八八）樹下氏が神主になるまで、日吉氏が江戸山王権現の神主をつとめた。

仮遷座時代、慶長九年七月十七日、三代将軍家光公（大猷院）誕生の時に、神田明神と江戸山王権現社両社に初宮参をし、当時の神主・芝崎少輔勝吉が奉仕し時服を拝領した。その後も、厳有院、浚明院、孝恭院それぞれの初宮参の時にも出仕したり、安産祈願や厄年祓い、御麻疹・御疱瘡等の病気平癒祈願もそのつど命じられるなど、芝崎氏は幕府や将軍との関係が非常に密であった。

二代将軍秀忠公は特に神田明神を崇敬し、元和二年（一六一六）四月、江戸城の表鬼門守護の地にあたる神田台もしくは赤城台や湯島台と言われた現在地に遷座することを命じた。そして翌年、普請奉行・久永源兵衛により社殿が造営されたが、この時より社殿内の装飾などに徳川一門の御紋三つ葵紋を施すことを許された。この年十一月十三日、江戸幕府より朱印で武蔵国葛餝郡西下千葉村に三十石の社領が寄進され、以後、幕府より社領寄進の朱印状が神田明神に出されるようになった。
寛永三年（一六二六）十一月十日、京都公家衆・烏丸光廣卿が江戸へ下向の時、神田明神の前を通りかかり参詣して神主に縁起を尋ねた。神主は天慶承平の乱で討死した平将門公を祀る勅勘の神社であることを話した。すると光廣卿は勅勘を受けて久しきことなので神と敬うことを許されてもよかろうと言い、十二月に勅免があり初めて開帳したという逸話が、製作年不明の『寛明日記（寛明事跡録）』に記録されている。

〈江戸総鎮守神田明神の誕生〉

江戸開府以来、神田明神は代々の将軍及び幕府が尊崇する神社であった。そのため江戸時代を通じて、江戸幕府により社殿が修復され再建されることが通例であった。
明暦三年（一六五七）正月十八日、本郷丸山・本妙寺より出火し江戸城の大半が炎上した振袖火事とも言われる明暦の大火により、江戸城本丸や神社仏閣三〇〇〇余所とともに神田明神の社殿も焼失した。その後、寛文元年（一六六一）四代将軍・家綱公により金二千両が下付され新しい社殿が造営された。万治三年（一六六〇）十二月二十四日、釿初。寛文元年（一六六一）四月二十四日、御柱立。同年閏八月二十四日、上棟。同年七月二十日、仮殿よりご神霊が本殿へ遷座した。大工棟梁は甲良又兵衛藤原正信がつとめた。この時の棟札には願主・家綱公の名前とともに「武州豊嶋郡江戸惣鎮守」と記されていた。小田原藩主大久保氏により千本松が奉納されるなどの記録も見られ、境内復興のために武家や町人たちから、さまざまな奉納物もあったことが推測される。

その後、延宝七年(一六七九)に社殿は修復され、同八年八月に発生した大風雨により破損した末社八幡社などの境内建造物が同九年三月に修復された。天和二年(一六八二)十二月の駒込・大円寺より出火した大火により、類焼した鳥居などの建造物が幕府により同三年一月に修復された。元禄四年(一六九一)、社殿内陣の銅瓦と柱の取替えが行われ、さらに随神像の彩色、畳替えも行われた。この時の棟札に「武州豊嶋郡江戸惣鎮守」と記されていた。また社殿修復中に御仮屋とされた末社・八幡社の修復も行われ、末社・神明宮も同年十一月に修復された。その後も元禄五年、同八年、同九年、正徳四年(一七一四)、享保二年(一七一七)、延享元年(一七四四)、明和五年(一七六八)にも、それぞれ社殿及びその周辺の建造物が修復された。

こうした江戸幕府と徳川将軍の崇敬により、神田明神は江戸時代を通じて「江戸総鎮守」と称されるようになり、幕府だけでなく江戸庶民にいたるまで多くの人々から手厚く

文化交流館全景

崇敬された。寛文十一年「江戸惣鎮守」の勅額が楼門（随神門）上に掲げられた。また同年には、霊元天皇の勅命をもって従一位左大臣大炊御門経孝による「神田大明神」の五字染筆の勅額が社殿に掲げられた。

〈江戸国学と神田明神〉

国学とは江戸時代に起こった学問・思想で、日本の古典・古文献の解釈をとおして外来思想に影響される以前の日本独自の思考法や道徳規範、神代の古《いにしえ》の道を解明することを主な目的とした学問である。国学を世に知らしめた功労者四人を「国学四大人」と称したが、その四人とは荷田春満、賀茂真淵、本居宣長、平田篤胤で、この中の春満と真淵は神田明神を基点に江戸に国学を広めた人物たちであった。

荷田春満は京都伏見稲荷大社の神職家・羽倉家に生まれ、斎宮《いつき》と号した。元禄十三年、自らの「家伝」をたずさえ江戸に出て、神職や茶人らを相手に『古事記』『日本書紀』といった日本の古典や『万葉集』などの歌を講義し、八代将軍吉宗の法律・典籍の整備事業などにも参画した。『創学校啓』を著して、国学を普及発展させるための学校の設立を提唱した。

元禄十三年、春満が江戸に出てきた時、最初に門人となったのは神田明神神主九代目・芝崎好高であった。好高は八代神主好連の子として生まれ幼少期より向学心を強くもち、みずから神田明神の縁起を記して儒学者や神祇道家・吉田家に相談したりするなどした。また将軍家の講釈の常聴に出廷し学問を深めるなど学問への好奇心をもった人物でもあった。好高は春満に神田明神境内の自邸を講義や歌会の場として提供し、また幕臣や江戸在住の向学者を紹介して春満に入門させるなど、国学の普及・発展に多大なる貢献をした。好高の子・好寛は京都に出向き修学し、その弟・好全は春満の娘・直子を妻に迎えるなど、芝崎家は春満と公私ともに懇意の間柄であった。さらに社家の浦鬼延員、月岡政像、早川藤長、浦鬼光寿、木村師親らも次々と春満の門人となった。

ちなみに春満については、後に『忠臣蔵』として歌舞伎などで演じられるようになる有名な「赤穂事件」の時、赤穂四十七士の心意気に感じ、当時出入していた仇・吉良上野介守の邸に関する情報を密かに彼らに伝え、それにより仇討ち決行の日が決まったという逸話が残されている。

その後、芝崎氏は春満の弟子・賀茂真淵が江戸に出てきた時も、神田明神に止宿させたり、芝崎家の自宅を講義の場として提供するなど国学振興に大いに貢献した。賀茂真淵は遠州浜松に生まれ、享保十三年（一七二八）に上京して春満の門人となり、元文二年（一七三七）に江戸へ出て門人への講義や著述活動に専心した。真淵のもとには都市生活を謳歌する神職や武家、町人や役者などさまざまな地位身分の人々が国学に魅せられ集まった。さらに御三卿の一家で将軍吉宗の子・田安宗武との身分を超えた交流もあった。

現在、神田明神の境内に「国学発祥の地碑」（図2）があるが、この碑は江戸に国学をもたらした春満、国学を江戸に普及させた真淵、そして両者を支援して国学の隆盛に一役買った神田明神神職を記念して建碑された。昭和五十三年（一九七八）十二月、国文学者で荷田春満の子孫にあたる羽倉敬尚氏らが発起人となり建立、題字は当時の伏見稲荷大社宮司・守屋光春、撰文は作家・今東光氏による。

神田明神は、江戸国学という学芸文化だけではなく、江戸の茶道文化発祥の地でもあった。京都より江戸へやってきた茶人・川上不白は、寛延三年（一七五〇）江戸で江戸千家という流派を築いた。宝暦五年（一七五五）不白は神田明神境内に蓮華庵、同八年に花月楼という茶室を建設し、武家や町人といった身分の上下を問わず誰にでも門戸を開き、江戸に茶道を広めた。その後、時代はかなり下るが、平成十九年六月、江戸千家家元・川上閑雪宗匠により孤峰不白居士二百年遠忌記念御献茶式が神田明神で行われた。

図2　国学発祥の地碑

〈明和の大火と社殿再建〉

明和九年（一七七二）二月二十九日に発生した江戸三大火事のひとつ明和の大火により、神田明神の社殿は焼失してしまった。明和の大火は目黒の大円寺から出火し、麻布、京橋、日本橋から江戸城下の武家屋敷を焼き尽くし、神田、千住方面まで燃え広がった。その後、一旦は小塚原付近で鎮火したが、翌三十日の夕刻、本郷から再び火が出て駒込、根岸を焼いた。さらに三月一日の午前十時頃、馬喰町付近から出火、東に燃え広がって日本橋・本町、伝馬町、室町そして日本橋へと類焼し、中橋広小路（八重洲付近）の火除地でようやく鎮火した。類焼した町は九三四、大名屋敷は一六九、橋は一七〇を数え、死者は一万五千人、行方不明者は四千人を超えた。神社仏閣の被害も大きく、江戸山王権現、湯島天神、東本願寺、湯島聖堂なども被災した大火災であった。

大火後、同年十二月に神田明神へ江戸幕府より銀百枚が造営料として下賜され、さらに翌年十一月に仮殿造営料として金八百両、同七年六月に造営料として金三百両が下賜された。またこの年の七月十三日には造営料を集めるための富興行も許された。仮殿での奉仕は約十年間続いた。

同八年正月二十八日に釿初が執り行われ、御柱建が同九年十一月十日に行われた。そして天明二年（一七八二）二月二十七日上棟となり、翌二十八日、神田明神の御神霊が仮殿より本殿へ遷座した。棟上札には、願主として十代将軍・徳川家治公の名前が刻まれていた。

再建された社殿は、本殿・幣殿・拝殿よりなる権現造で総朱漆塗、銅瓦葺。内陣の内部は金塗、内々陣には金地の葵御紋が施され、内陣折上天井には江戸幕府に仕えた絵師・狩野典信による雲龍画が描かれていた。また狩野洞春が幣殿の左右長押上の張付に金地で鶴の画、狩野晴川院養信らが拝殿の天井に鳥獣虫魚草木花実などを描いた。葵御紋が使用されるなど、江戸幕府の守護神として神田明神が崇敬されていたことが分かる。図3は大正時代撮影の天明二年に再建された社殿である。

〈江戸時代の神職と巫女、そのつとめ〉

図4は天明二年に再建された神田明神の社殿の平面図である。この平面図の幣殿部分に「神道壇」なる記載が見られる。この神道壇とは、京都吉田神社の神職・吉田家により始められた神道式の護摩壇で、そこで神道行事が行われた。江戸時代、多くの神社はこの吉

田家の取次ぎで神職の資格・神道裁許状を得ており、作法も吉田家の作法を取り入れる場合が多かった。神田明神も神道裁許状などを吉田家から得ていたので、こうした神道式の護摩行法も取り入れていたのであろう。

神田明神神主家・芝崎氏の十五代の名を列記すると以下の通りである。芝崎式部少輔某(文安年中)、芝崎越後守某、芝崎兵庫頭、芝崎越後守氏連、芝崎宮内大輔某、芝崎大隅守勝吉、芝崎宮内少輔吉勝、芝崎宮内少輔好連、芝崎宮内少輔好高、芝崎宮内大輔好寛、芝崎豊後守好全、芝崎美作守好皓、芝崎豊後守好承、芝崎大隅守好善、芝崎美作守好定。

その芝崎氏の下には社家と巫女、神人が仕えていた。代々世襲で社家をつとめた家柄に浦鬼氏二家、月岡氏、早川氏、木村氏があった。神田明神の巫女職は森田権太夫がつとめた。森田家は万治三年（一六六〇）巫女職に就いて土佐と改名後、襲職。神社の記録によると、森田家は江戸市中の巫女の取り纏めをする立場の家柄と言われ、天和二年八月頃に師弟合せて三十九人がおり、権太夫はそのうちの長で下に九人いたという。

これら神職や巫女は現在と同様、主に神明奉仕を本分とした。二年に一度、九月十五日の神田祭をはじめ年中行事への奉仕、大奥女中や町人たちの依頼により神楽を修したりした。

図３　江戸時代後期の社殿

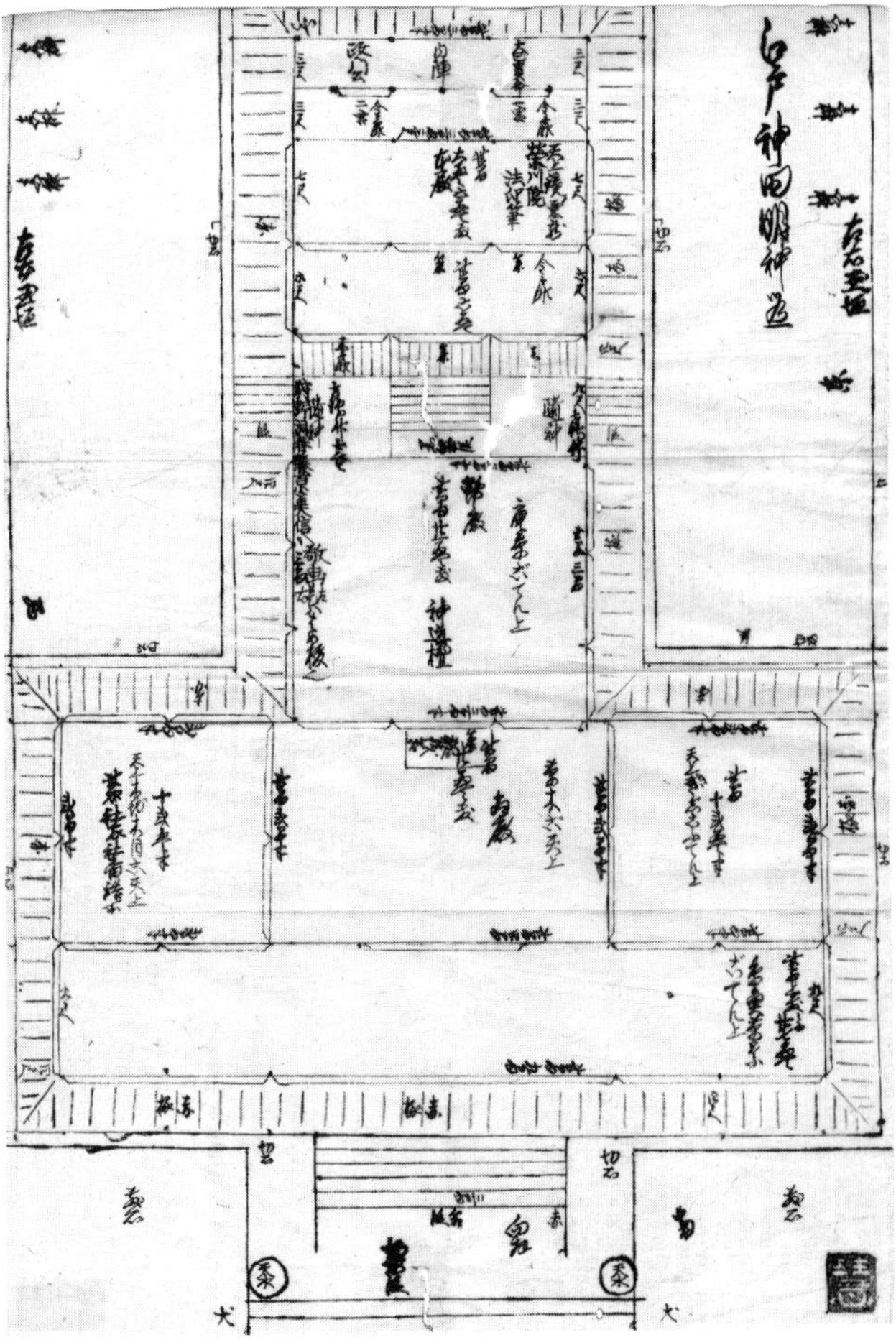

図4　江戸時代後期の社殿平面図

図5は、神田明神を描いた浮世絵の中で最も有名なものの一つ、歌川広重が安政四年（一八五七）に描いた『名所江戸百景　神田明神曙之景』である。この浮世絵の中には神職、巫女らしき人物らとともに右手に赤い建物が描かれている。この建物はその他の記録から湯立場であることがわかる。広重の浮世絵に描かれるくらい、神社での湯立場は有名であり重要な場であった。湯立場では神職と巫女により湯立神楽が執行された。湯立神楽は湯花神楽や清湯神楽などともいい、江戸の多くの神社で奉仕された神事であった。神田明神の湯立神楽は江戸幕府や大奥女中らにより所望され、毎年正月、五月、九月に、神主はじめ社家や巫女により天下泰平、国家安穏、武運長久、万民豊楽の祈祷が執行された。

その内容を見てみると、辰の刻（午前八時前後の二時間）、大奥より代理が神社に来て参列する中、神職による神楽七座の後に巫女が湯の舞をし、名代に神託の文、玉串、供米などを渡した。湯花供陽の舞の式として神田明神では次のような奉仕をした。

湯立場に鼎《かなえ》三口を用意しその中で湯を沸騰させ、社家が千草に結んだ笹葉二束を採り熱湯に浸して神前に五回奉る。次に白装束姿の巫女が手草を両手に持ち鼎の中の熱湯に浸して鼎の熱湯がなくなるまで頭上に振り上げ散らし、その後神託を述べる。社家は謹聴して神主に告げ、神主は神前で宣文を檀紙にしたため代理に授与する。

図５　江戸名所百景　神田明神曙之景（歌川広重・画）

また太々神楽という神事も毎年行われていた。四月二十一日、神職が永代講の奉納により拝殿において太々神楽九座、普通神楽七座を奉奏した。永代講とは寛政九年（一七九七）に組織された講で、それまで氏子町により不定期的に数回奉納されていた太々神楽を、講を組織することで年一回の奉納にした。

また毎年一月八日には神楽始めが行われていた。神楽始めでは神職、社家が五座の神楽を執行したことが記録に見られる。明治以降、神職演武禁止令などの影響もあり、神楽奉仕を神職や社家が奉仕できなくなった。神田明神ではこれ以降、若山家に継承されたが、関東大震災後に神楽始めは中断、その後、昭和十年に普通神楽のみ復興された。現在は、普通神楽のみ毎年一月中旬に、氏子総代の奉納で同じく若山胤雄社中により奉奏されている。

〈摂末社〉

ほとんどの神社には、大小さまざまな摂社や末社が祀られている。摂社は神社に摂する神社で、明治維新以降、本社祭神の后神や御子神など由緒が深い神々を祀る神社、旧跡地に祀る神社、本社祭神の荒魂、本社の地主神、その他特別な由緒ある神社を意味した。末社は摂社に次ぐ神社とされたが、実質的に同じ意味で使用された事例が多い。

現在の神田明神には、摂社が三社鎮座している。江戸神社、大伝馬町八雲神社、小舟町八雲神社である。三社ともご祭神は建速須佐之男命《たけはやすさのをのみこと》で、大己貴命の父にあたる神である。江戸神社は大宝二年（七〇二）に創建され、江戸の地主神として今日もなお崇敬されている。かつては日本橋南伝馬町の人々により祀られていたが、大正十年に神田市場の人々が崇敬するようになり、現在も大田市場内の江戸神社奉賛会の人々により崇敬され、神田祭で千貫神輿が賑やかに担がれている。大伝馬町八雲神社は、江戸幕府の国役をつとめた町・日本橋大伝馬町の人々により祀られた。小舟町八雲神社では四年に一度、神輿渡御が小舟町で行われている。この三社は江戸時代に「牛頭天王三社」と称され、神輿のもみ担ぎのルーツとも言われる天王祭が賑やかに行われた。現在の社名は明治時代以降に改称された社名で、江戸神社は明治元年（一八六八）に須賀神社、同十八年に江戸神社に改称した。なお江戸時代においては、この三社も末社として境内に祀られていた。

摂社のほかに神田明神の境内には末社、合祀殿、祖霊社が鎮座している。

末社・魚河岸水神社は水神・弥都波能売命《みづはのめのみこと》を祀る。日本橋に魚市場があったころに徳川家の武運長久と大漁安全を祈願するため市場の守護神・大市場交易神として神田明神境内に祀られたが、明治六年（一八七三）九月に当時の魚市場内（現在の日本橋室町一丁目、本町一丁目周辺）に鎮座していた常磐稲荷神社の合殿に祀られた。その後、明治二十四年に社名を魚河岸水神社と改め、さらに同三十三年九月、再び神田明神境内に遷座し末社として祀られ盛大に水神祭が執り行われた。市場が日本橋より築地に移り築地魚市場（東京都中央卸売市場築地市場）に移転した後、市場内に当社の遙拝所が建立され、さらに平成三十年に豊洲の魚市場に分社が建立され遷座された。

同じく末社として祀られる末廣稲荷神社のご祭神は宇迦之御魂神《うかのみたまのかみ》で、江戸初期より祀られたと言われ、旧小舟町の鰹節卸商により祀られた。現社殿は昭和四十一年に再建された。

三宿稲荷神社の創建年は不詳。宇迦之御魂神を祀る。江戸時代より神田三河町二丁目の守護神として信仰された。その後、神田明神の神主・芝崎美作守の邸内に祀られていた内山稲荷と合祀され、当社の末社になる。現在の社殿は、昭和四十一年（一九六六）に再建され、金刀羅神社と共に鎮座している。

金刀羅神社は、大物主命《おおものぬしのかみ》、金山彦命《かなやまひこのみこと》、天御中主命《あめのみなかぬしのみこと》を祀る。天明三年（一七八三）に薬研堀（現・東日本橋二丁目）に創建。江戸時代には隅田川の船人たちの守護神とされ、その後、町の発展と共に商家、特に飲食業や遊芸を職とする人々が崇敬した。昭和四十一年、両国より神田明神境内に遷座した。

浦安稲荷神社は宇迦之御魂神を祀る。往古江戸平川の河口に近き一漁村の住民により祀られ、天正年間、家康公江戸入府にあたり城下町整備による鎌倉町の成立とともに、佐渡守秦親益により町の守護神として勧請された。寛政九年（一七九七）、同町の崇敬の念篤き大工職平蔵により社殿が造営され、以来、浦安稲荷神社として伝えられている。その後、天保十四年（一八四三）、町割改めに際し神田明神境内に遷座した。大正十二年の関東大震災により社殿が焼失したが、同十三年に社殿が完成し遷座祭が行われた。さらに戦火により復興できぬ内神田稲荷社五社を合祀し今日に至っている。

合祀殿は、平成二十四年に旧・籠祖神社境内に建立。籠祖神社（猿田彦神、塩土老翁神）をはじめ、神田明神本殿に合祀されていた八幡神社（誉田別命）や富士神社（木花咲耶姫命）、天神社（菅原道真命、柿本人麻呂命）、大鳥神社（日本武尊）、天祖神社（天照大御神）、諏訪神社（建御名方神）を合祀している。

祖霊社は、神田明神を崇敬された氏子崇敬者の祖霊を祀る。平成十六年に創建。毎年春秋に祖霊社例祭、毎月一日に祖霊社祭を行う。

また飛地末社という千代田区内に祀られた末社もある。その一つ、大柳稲荷神社は千代田区内神田三丁目に祀られる神社で、かつて境内に柳の大木があったところから大柳と名づけられた。多町一丁目町会の守り神として、毎年初午祭が行われている。
講武所稲荷神社は千代田区外神田一丁目に鎮座し、武芸の訓練所・講武所の付属地へ、大貫伝兵衛が安政四年（一八五八）に浅草・長谷寺内の稲荷社を遷座。後に旅籠町の人々により崇敬されて今に至っている。

〈江戸名所としての神田明神〉

神田明神は代表的な江戸名所の一つとされ、現在同様に多く人々が参拝や観光に訪れた。三浦浄心が慶長年間から寛永初年の江戸を記した『慶長見聞集』、明暦大火後の江戸を描いた浅井了意の『江戸名所記』（寛文二年〈一六六二〉刊）、江戸の繁栄を描いた藤田理兵衛の『江戸鹿子』（貞享四年〈一六八七〉刊）や『江戸雀』『江戸砂子』、江戸名所集大成と後世評価された斎藤月岑が編んだ『江戸名所図会』（天保五年〈一八三五〉に一～三巻十冊、七年に四～七巻十冊刊）など、ほとんどの名所記類で神田明神は江戸名所として大きく採りあげられた。
浮世絵でも、歌川派の祖・歌川豊春、喜多川歌麿二世、鍬形紹真、歌川豊国三代、歌川

広重初代らが、神田明神を江戸名所の一つとして描き、江戸の人々だけでなく日本全国の人々が浮世絵を手にとり神田明神を知ったことであろう（図6）。

こうした江戸名所とされた神田明神を始め江戸の社寺の境内は、主に宗教的要素と世俗的要素、さらにこの二つが混合された空間で構成されていた。

宗教的要素とは、信仰と祈願の場として神々が鎮座し神職が神事を行う社殿や本地堂、摂末社や神楽殿、神酒所、神馬舎、神輿庫、宝物殿、手水舎、先にも触れた湯立場、神主屋敷・社家長屋などを意味した。一方世俗的要素は、門前町屋や境内貸家など多様な社会集団の居住地や、土弓場・揚弓場や茶屋・茶店という、参拝者もしくは見物人相手の営業のための盛り場として利用された部分を意味した。この両要素が渾然一体となった空間こそが、江戸の社寺境内であった。

門前町屋は境内地に立地し町人たちが居住した町屋で、神社に対する役を負担したが公役銀の負担は免除された。元禄四年（一六九一）に町屋の新規建設が禁止され、延享二年（一七四五）に寺社奉行より町奉行の支配に移管した。宝永から元文期（一七〇四〜四一）以前に起立した町屋を永代門前、それ以降に起立、年限付の門前町を年季門前と言った。

神田明神の門前町屋は、表門前町八十三坪余、表門前六百二十六坪余、裏門前四百二十

神田大明神御社地之圖
紹真華
東門

図6　神田大明神御社之図（鍬形紹真・画）

一坪余、西町千二百三十坪余、昌平橋外表門前町代地三十三坪余あり、元和年中より町屋にすることが許されたため徐々に増加していったことが推測される。その変遷を見てみると、当初、表門の通り鳥居より外に十一戸の家屋があり住民は寺社奉行の支配であったが、寛文四年（一六六四）より町奉行の支配となった。鳥居より中を表門前と称し十四戸の家屋があり、裏町後の西町には家屋二十五戸があった。裏門前には二十四戸の家屋があり神社に付属し寺社奉行の支配であったが、延享二年（一七四五）十一月より表門門前と西町とともに町奉行の支配となった。寛政十年（一七九八）二月、門前町の中で幅十一間長さ十五間を向かいの湯島聖堂拡張のため上地され、その代地として昌平橋外明地三十二坪余を与えられた。

土弓場や楊弓場は矢場ともいい、いずれも的を射て遊ぶ場であった。『寺社書上』では、神田明神には文政二年まで十軒の楊弓場があった。矢場には必ずと言ってよいほど美しい女が矢取女として客の傍についていたが、天保の改革で矢取女を置くことが禁止された。

水茶屋は両国など多くの盛り場でも見られたが、茶汲女が看板娘として接待した茶屋。神社境内の水茶屋は多く葭簀張りの仮小屋であったが、奥に別座敷が設けられ寄合や商談に利用されたり、出前を入れて酒肴を出す貸座敷もあった。神田明神には十五軒の水茶屋や常茶屋があった。

江戸時代の神田明神境内ではさまざまな催事も行われた。その一つが勧進相撲であった。勧進相撲というと回向院が有名であるが、神田明神でも記録によると享和二年（一八〇二）二月十日間、また文化元年（一八〇四）三月にも九日間にわたり境内で勧進相撲が行われたことが記録に見られる（『角力新報』第5号、第8号）。また稽古相撲として実質的に相撲の取り組みも興行として行われた。

〈奉納物と神田明神〉

社寺には多くの人々により燈籠や天水桶、絵馬など多くのものが奉納された。神田明神では、社殿などの境内建造物の多くは江戸幕府による造営と再建であったが、その他のものは武家や氏子の町人により奉納されたものが多かった。

燈籠は最も多く社寺に奉納されたが、銅製や石製などさまざまな素材で作られたものであった。銅燈籠は、通新石町より天明三年（一七八三）に二基、森清右衛門より元治元年（一八六四）に二基が奉納された。石燈籠は、元文二年（一七三七）田中三四郎より二基、宝暦十二年（一七六二）氏子町・関口町講中より一基、嘉永六年（一八五三）竹原粲蔵より二基、安政六年（一八五九）三河屋儀兵衛と三河屋平六より二基が、それぞれ奉納された。

絵馬も多く奉納された。絵馬には、扁額という大型絵馬と庵形の小型絵馬の主に二種類あった。扁額は武者絵、景色絵など浮世絵師たちが描いて奉納したもので、絵馬殿・額殿に飾られ参拝者たちが見物した。庵形は神馬、神酒、祈願に関係する絵などを描き奉納されたものであった。

神田明神に奉納された絵馬では、文化年中に鍬形蕙斎が描いた江戸名所一覧景扁額、文政四年（一八二一）谷文晁により描かれた河津股野相撲之図、弘化年中（一八四四〜一八四七）の神田祭を描いた扁額などが有名であった。

力石も社寺に多く奉納された。力石は若者たちが力くらべに使った二〜三十貫くらい（七・五〜一一二キログラムほど）の大石のことで、全国各地の神社仏閣などに奉納された。神田明神に奉納された力石は直径八十センチ、短径六十七センチで、文政五年（一八二二）十二月に神田仲町二丁目の柴田四郎右衛門が持ち上げたものである。平成三年に千代田区の有形民俗文化財に指定された。

また雨水を防火水として貯めておくための天水桶も多く奉納された。かつて神田明神社殿階段の左右にあった丸型二基は、文化十二年（一八一五）松山喜右衛門の奉納。階段下の左右角の角形二基は、弘化四年（一八四七）に神田あるいは新川辺りの江戸の酒屋が世話人となり摂州灘大石・筋違外の酒屋により奉納された。この天水桶は現存しており、平成十一年に千代田区の有形民俗文化財に指定されている。最近では、鋳造した川口の永瀬源七が漫才師・宮川大輔氏の祖先であったことがＮＨＫに取り上げられて話題となった。随神門内の階段左右にあった丸形二基は、安政四年（一八五七）に町火消加組鳶中が奉納、同外階段左右の角形二基は、天保十年（一八三八）氏子町・旅籠町一丁目家主中が奉納した天水桶であった。

摂末社にも奉納物が見られ、その多くが文化財に指定されている。天保十年（一八三九）に大伝馬町の太物問屋中より奉納された大伝馬町八雲神社の鉄製天水桶と、小舟町の氏子中により奉納された小舟町八雲神社の鉄製天水桶は、平成十六年と十七年にそれぞれ千代田区の有形民俗文化財に指定された。三宿稲荷神社・金刀羅神社境内に備え付けの水盤は文化二年（一八〇五）に伊勢屋治兵衛により奉納され、さらに神田、日本橋、京橋、下谷本郷界隈の川辺炭薪問屋仲間たちにより再奉納されたもので、平成十四年に千代田区の有形民俗文化財に指定された。神田亀井町を中心とする籠工商祖神講との関係が深い籠祖講石造群も、同十七年に千代田区の有形民俗文化財に指定されている。

文久二年（一八六二）十一月、両替屋仲間により境内参道左右に石製の獅子の子落としの造り物が奉納された。能の出し物『石橋《しゃっきょう》』にちなみ、親獅子が子獅子を谷底に突き落とし這い上がってきた子をはじめて我が子とするという内容を造形化したものであった。石獅子は武州下野の名工石切藤兵衛（別名・油売藤兵衛）が生涯でわずか三つしか造らなかったものの中の一つと伝えられ、三つの獅子は「坂東三獅子」として有名であった。関東大震災により崩壊し子獅子を紛失、親獅子二頭を保存していたが、平成二年十一月十二日、天皇陛下の御即位を奉祝し子獅子を新調し「獅子山」という形で新たに建立された。その後、石獅子夫婦二頭が平成三年に千代田区の有形民俗文化財に指定されている。

〈御朱印について〉

神社仏閣で御朱印をいただくことが、今も流行っているようだ。神田明神では、平日に三〇〇人、土日だと七〇〇人、さらに神田祭の日にはなんと三千人、と途方もない数の人々が御朱印をもらっていく。

現在の御朱印ブームは、平成二十五年頃から始まったようだ。二十五年は伊勢の神宮の式年遷宮や出雲大社の六十年に一度の平成の大遷宮などがあり、神社が世間的に注目された時期でもあった。そのため、神社へ参拝する人々も増加したのであろう。また二〇二〇年には東京オリンピックも控えており、外国人観光客が増加していくにつれ、日本の伝統文化の代表ともいえる神社仏閣が自ずと注目されるようになり、さらに参拝者や観光客が増加した。御朱印の授与数もそれに伴い増加しているのである。

そもそもご朱印とは何かというと、参拝の証として神社仏閣でおよそ三百円から五百円ほどの奉納金を納めていただくもので、御朱印帳といわれる帳面やB六ほどの紙片に神社仏閣名、年月日などが書かれ社寺の印が押されているものが多い。かつては、社印、印、判、神印などとも言われたようである。

御朱印のルーツは、かつて寺院で授与された牛玉宝印が転じたものといわれており、修正会・修二会など初春の儀式で授与される護符・お守りの一種であったという。朱印部分に呪力があったらしい。歴史的に見ると、御朱印は儀式に参加し霊験をいただいた証であったと言える。

寺院では書写経巻を奉納し、納経受取という書付と判をもらい、それを帳面にしたものが納経帳、つまり御朱印の本来の意味であったらしい。

神田明神には、幕末期に集められた嘉永三年（一八五〇）の御朱印帳『神名帳』が残されており、その中の神田明神の御朱印には、墨書で「御府内総鎮守　神田大明神」とあり朱印と日付が書かれている（図7）。また明治十六年の御朱印には「東京府社　神田神社」と墨書されている。

平成二十七年より神田明神では、文字も判子で押す形式を採用したが、実はこうした事例はすでに明治時代の有名大社では多くとり入れられていたことであった。明治十六年（一八八三）の御朱印帳が神田明神に所蔵されているが、その中に文字も判子にした御朱印として、「砥鹿神社」「熊野座神社」「多賀神社」など官国幣社とされた大社などが見られた。

明治三十四年の神田明神の御朱印も「神田神社」の文字が判子とされていたが、この形式を採用したのはおそらく統一された文字を参拝者に授与するためであったと思われる。平成三十年二月、印刷した「神田大明神」の御璽と朱印を押した二枚セットの御朱印に変更した。御朱印の形も解釈も時代や各神社によって違うのである。

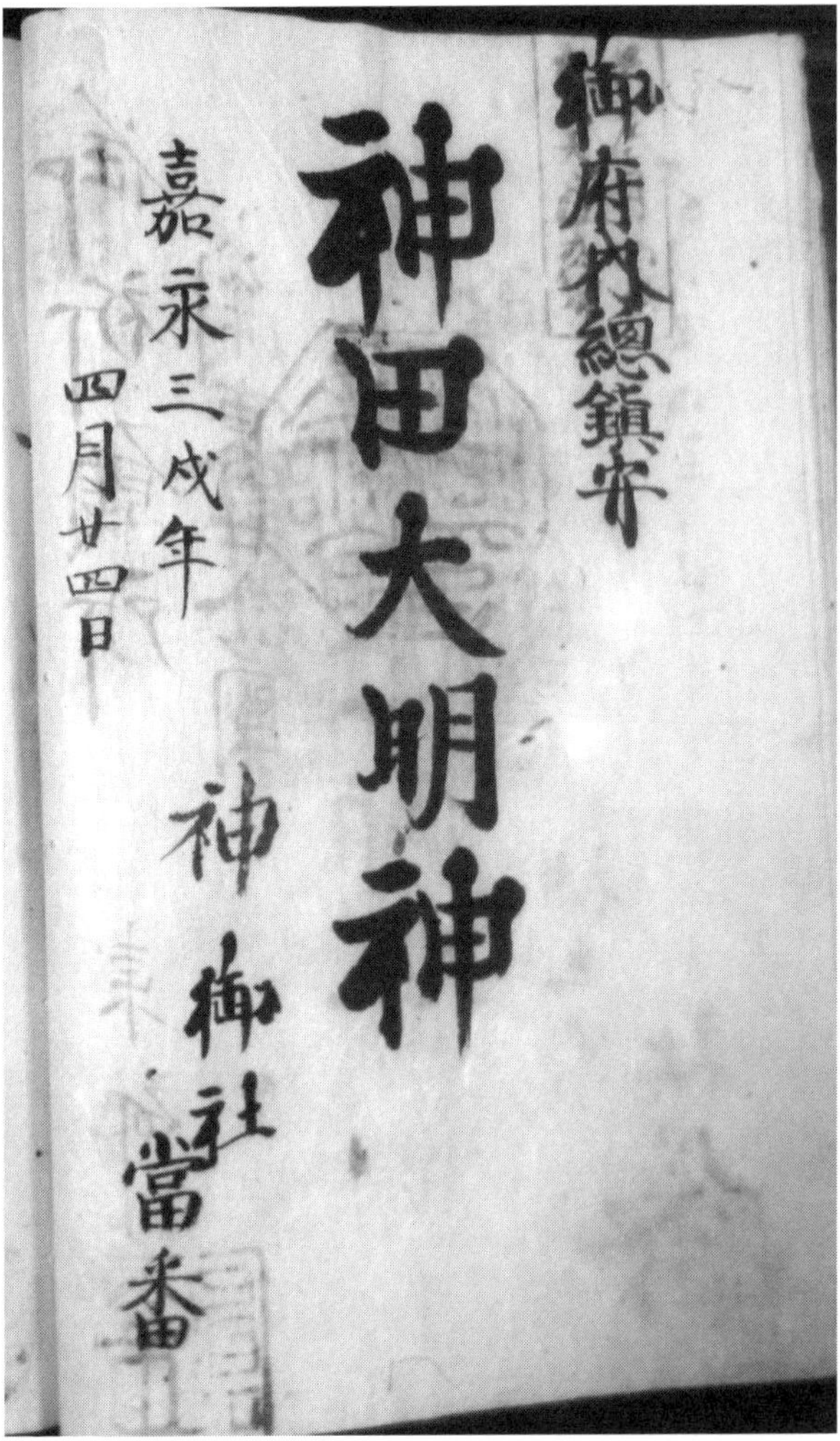

図7　江戸時代の神田明神の御朱印

神田明神の近代

〈神田明神から神田神社へ〉

江戸時代が終わりを告げ明治維新が成った。明治二年（一八六九）三月二十八日、明治天皇が京都より東京に着御し東京城を皇城と定められ東京奠都が成った。

それ以前、同元年三月十三日、祭政一致の制に復し、天下の神社神職は再興された神祇官に属することとされた。江戸の諸神社が明治初年より、帝都・東京の神社としてさまざまな変遷を遂げていくなかで、神田明神は神田神社と改称した。明治元年（一八六八）十一月八日、神祇官から東京府へ、神田神社を含め同府内の神社十社を神祇官直支配の准勅祭社と定めることが達せられた。そして同十六日に神田神社へ神祇官判事植松雅言が官幣使として参向した。

准勅祭社は、明治天皇の御東幸に際し皇城を守護するために選ばれた神社で、皇軍の勝利と賊軍の退治を期待された。皇城守護の役目は主に祈禱と祓玉串献上であった。その後、三年九月二十八日に准勅祭社の社格は廃止され、十社に関する祭祀をはじめとするすべての諸事が各府県管轄へと移行された。五年五月八日、神田神社は芝大神宮と日枝神社とともに東京府社に列格し、六年一月、三府社より三区域に分けた郷社へ諸伝達をするという効率化がはかられた。

同四年正月五日、版籍奉還に伴う施策として太政官より社寺領上知令が布告され、朱印地や境内地の一部が官有地とされることになった。上地された社寺領は一般民有地、社寺の境内保管林、国有林などに利用された。

神田明神の境内地は、上知令以前の二年五月に表裏門前や西町などの門前町屋が合併して神田宮本町ができ、上知令により同町と代地の旅籠町の一部が上地された。さらに六年六月、神主屋敷と社家邸宅が宮本町に編入し境内でなくなってしまった。これらの上地により、江戸時代にあった境内地計九五六六坪余は三七四三坪七合五夕となり、神社への収入面及び祭祀執行の面にも大きく影響した。そのため六年二月、氏子内の有志者により神饌講社が設立され祭祀を執行するための初穂料が確保された。また国幣社及び府県郷社の神社造営や修繕費等の官費による支給も廃止されるなど、神社を維持していくうえで江戸時代よりも不利な環境になっていった。

〈神職の変遷と両講の誕生〉

明治四年五月十四日、神社は国家の宗祀であり神職一人あるいは一家のものではないという旨の太政官布告が通達され、神職の世襲制を廃止し精選補任されることとなった。さらに同日、官社以下定額・神官職制が太政官より布告された。この布告を受け五年二月二十五日に官社以下府県郷社神官給禄の定額が公布され、府社祠官の月給は官費より五両、郷社祠官は民費より四両の給禄と定められた。そして同年五月八日に府社と郷社が定められるとともに世襲神職が免ぜられ、東京三府社において新たに祠官と祠掌が任命された。

神田神社では、神主・芝崎好定をはじめ社家が職を免ぜられ、同日、祠官に宣教使少講義生や教部省十三等出仕をつとめた神代名臣が任命され、祠掌には改めて元神主・芝崎好定が任命された。これ以降、神田神社の祠官は神代名臣、大崎昌庸、本居豊穎、祠掌には芝崎好定、村瀬光晴、鶴田常義、木村信嗣、和田重雄、宮西邦維、井上司、深川波穂などが任命された。

その後、六年七月三十一日に府社祠官の官費支給が、同年二月二十二日には郷社祠官の民費支給がそれぞれ廃止され、以後神職の給録などは人民の信仰帰依によるものとされた。

その後、二十七年二月二十七日、府県社以下神社に祠官祠掌にかわり社司社掌が置かれることになり判任官待遇とされた。この時、神田神社の社司に平田篤胤の曾孫・平田盛胤が就任した。

二十三年、神祇官興復運動で府県社の公費供進が訴えられ、三十九年四月に府県郡市町村より神饌幣帛料を供進できるとする「府県社以下神社神饌幣帛料供進制度」が制定された。大正七年（一九一八）五月には無格社を除く府県社以下神社の経費への公費補助を認める通牒が出され、十三年度の神田神社への神饌幣帛供進として、祈年祭に十六円、新嘗祭に十六円、例祭に三十円供進されることが決められた。

明治時代になり、現在も続く神田明神独自の二つの崇敬講が誕生した。宮鍵講と御防講である。明治時代に誕生したといっても、両者ともともと江戸時代にその実質的な姿があった。

宮鍵講は、江戸時代に豊島町（かつては湯島聖堂の近くの町であった）の付木店の商人たちが神人として神田祭の神輿の宮出と飾付けを奉仕することからはじまった。現在も神田祭・神幸祭の早朝に行われる御鍵渡しの儀で神輿庫を開く儀を行い警護も同時に行っている。また神田明神における諸行事にも奉仕している。現在の講元は中山暉夫氏。

御防講は天明年間に神田明神周辺に住む職人の親方たちを中心に組織され、日々、神田明神に災害が及ばぬよう警備を行った。また神田祭の時には神輿が無事に江戸城内に入り町々を巡行できるよう警固した。現在も神田祭で行列警固を奉仕し、諸行事でも奉仕している。現在の講元は加藤正明氏。

〈氏子区域の制定と氏子総代〉

江戸時代、氏子は神田祭に関与した町々として二つの種類があった。一つは山車や附祭を出した町々で、それらの町々は大伝馬町と南伝馬町を除く神田の町々四十五町を指した。もう一つの町々は神田祭の時に初穂料を納めた日本橋を中心とする九十三町を指した。

それが明治四年七月四日に、氏子区域に関する「郷社定則」と「大小神社氏子取調規則」が太政官より布告されたことにより、現在のような氏子区域が制定されるようになっていった。翌年、東京府で「氏子町名同人員帳」の作成が完了し、東京府内の神社の氏子区域がほぼ確定された。それによると、神田神社では武家地が新開町として町地化した町々も氏子町に組み込まれた。その代わり南伝馬町など日本橋より南側は神田神社の氏子町から別の神社の氏子区域となった。

文化交流館 貴賓室（奉納「鎮守の杜」松井守男画伯）

この氏子区域の画定は、後に神職の官費民費による給録支給が廃止される府県郷村社にとって、神社の運営費及び祭祀執行料、神職俸給が氏子を中心とする人民の信仰帰依に委ねられたことになるため、非常に重要であった。

明治維新後、元年七月十七日に江戸を東京とする詔が出され東京府が設置され九月に府庁がつくられたことにより、氏子町々に変化が見られるようになってくる。二年正月、江戸の町政を担った町年寄が免職となり三月には町名主の制度も廃止された。同年、朱引内五十番組（五十区）が設けられ、一区に旧町名主の役割を担う中年寄一人と添年寄一人が各区で任命された。その下に町年寄（三年四月廃止）、五区ごとに中年寄世話掛一人、その上に旧町年寄格の世話掛肝煎二人、武家地に武家触頭、寺社地に寺社触頭が置かれた。

四年四月四日に戸籍法が太政官より布告され、それに伴い十一月に五十番組制から東京六大区制へと変更された。各一大区に十六小区（一大区のみ十七小区）とされ、中年寄と添年寄が廃止され戸長と副戸長が新任された。神田神社の氏子町々は第一大区、四大区、五大区にそれぞれ振り分けられた。その後、五年に旧中年寄世話掛にかわり大区御用掛、さらに戸長世話掛、翌年に戸長世話掛にかわって区長が置かれた。同年三月四日、六大区制から十一大区制となった。

十一年七月二十二日、郡区町村編制法、府県会規則、地方税規則のいわゆる三新法の発布に伴い、東京は十五区六郡となり、区役所と郡役所が設置され区長と郡長が任命された。神田神社の氏子町々はそれぞれ神田区、日本橋区、下谷区、麹町区に振り分けられた。

小木新造氏によると、二十二年以降、他府県より東京へ流入してくる寄留人口が激増したため、江戸化政期以来の小商人、諸職人、雑業層による地縁的人間関係で成り立っていた町内完結社会は崩壊したという。それは江戸根生いの江戸っ子意識の薄弱化と新しい文化生活の導入を意味しており、それによって神社への信仰や祭礼へも大なり小なり影響したことは十分考えられる。

先にも触れたが、武家地は明治以降、町地化し神社の氏子町となっていった。明治二年以降、江戸城近辺の武家地に公家華族が屋敷を構えるようになった。公家華族は屋敷の内側に住み、表部分の長屋や通り沿いの部分を商人たちに貸し与え、多くの商店が営まれ新開町といわれる繁華街が形成されていった。このような繁華街となった新開町の中には、神田神社の氏子町も多くあり、表裏神保町、猿楽町、神田錦町、小川町、蛎殻町、浜町などが特に繁昌したという。

同三十三年二月二十二日、東京府令第十六号が出され、各町に衛生組合を設置することが義務付けられたが、これら衛生組合が後に明治後期から大正昭和初期にかけて結成された町会のもととなった。明治後期以降に結成されていった町会の事業目的の中には、町内の親睦や衛生、防火や学事に加え、祭事・祭典への参加も記載されており、以後、この町会が中心となって神社や祭礼へ関わっていくようになったと推測される。

氏子の代表者である氏子総代は明治十四年に制度化され、相応の財産を持ち衆望もある町の人士、三名以上を公選することになった。当時の氏子総代は神社の運営に関わり、願伺届など公的書類への連署、神社の収入財産と神官の私有財産との混合を防ぐ役割などを役目とした。神田明神においては、明治十三年に東京府に提出された明細帳に氏子仮総代として神田松下町の鈴木清左衛門と久右衛門町の山口摠七の二名の名前が見られる。明治二十五年の記録には、牧野彦八、四方伝兵衛、小栗兆兵衛、鶴岡辰五郎、山口惣七、有明岩次郎の名前が見られるが、多くは氏子町の名望家たちが選ばれ就任したようである。

〈祭神改変——平将門霊神と少彦名命〉

明治初期、神田神社の境内空間で起こった出来事としてあげるべきは、祭神に関する事件と後に言われた祭神改変であった。ご祭神の一柱・平将門霊神は新皇を称し自らを天皇になろうとした史上唯一の叛逆者と明治初期において位置づけられ、ゆえに神に祀ることは許すべきでなく祭神から廃置すべきであるという言論が一部の間に起こった。ことの発端は、当時の神田神社祠官・本居豊頴によって六年十二月二十三日に東京府へ提出された願書であった。

豊頴が提出した願書には、以下のことが書かれていた。数百年来、平将門霊神は庶民より崇敬されてきたので、今更祭神を廃置することはできない。しかし、もともと別社に奉祀していたし、大己貴命（大穴牟遅大神）と合祭することも憚るべきことなので、旧に復して境内に別社を造立のうえ将門霊神を奉祀したい。将門霊神移遷後、本殿には大己貴命と由縁深い少彦名命を合祭したい。両神は天下経営から医業まで定めた神々で、さらに外国交際についても、この両神の神徳を仰ぐべきである。

これ対して七年二月八日『新聞雑誌』第一九八号に「府下神田神社平将門ノ霊位除却ノ事ニ付教部官員某議案」が掲載された。教部官員某は将門公が新皇を名乗り非望にも神器を覬覦した日本史上唯一の叛逆者であり、皇城のある帝都・東京において絶対に神として祀るべきでないことを主張。また将門霊神創祀の中核の一つであった御霊信仰についても、文明開化の時代にそぐわないものとして否定した。断然神として祀るべきではないという強硬な内容であった。

この議案を受けて、教部省・東京府は神田神社側に再考を促した。それに対して神田神社神職一同は、今日まで奉祀してきた祭神を忽然と廃することは決し兼ねると、祭神除却に対して難色を示し、次の三案を挙げた。

① 朝議をもって祭神除却の御達があればそれに従う。
② 先に提出した願書の通り、別社奉祀を聞き届けてくれるならば末社の内に合祭する。
③ 以上二件のどちらも不可とし決定しかねるようならば、従来通りつまり神田神社の祭神として大己貴命とともに奉祀する。

神職として、祭神を除却や廃置することは絶対に許されるべきことではないという強い意志を感じさせる内容であった。三案のうち、どれでもよいからご指揮くださいと、教部省・東京府の指揮を仰いだのである。そして同年六月に教部省・東京府が出したのは、将門霊神別社奉祀の許可であった。

同年八月十二日に将門霊神は神田神社境内の大国主神祠に仮遷座した。そして神田神社本殿には新治県（現茨城県）大洗磯前神社より少彦名命の分霊が迎えられ、八月十七日に本殿へ遷座した。

その後、十一年十一月十三日に氏子からの寄付によって新たに建立された将門神社に遷座し摂社とされ、祭日は九月十五日に定められた。

少彦名命は『古事記』では少名毘古那神、『日本書紀』では少彦名命と表記される。大己貴命とともに国作りをなさった神で、神皇産霊神（『古事記』）もしくは高皇産霊神《たかみむすひのかみ》（『日本書紀』）の指の間からこぼれ落ちた小さな神。大海の彼方より天の羅摩船《かがみぶね》（ガガイモの殻でできた舟）でいらっしゃり、大己貴命とともに農耕や医療を始められた。

〈明治天皇の御親拝〉

明治七年九月十九日、明治天皇が板橋蓮沼村での陸軍演習の還幸の際、神田神社にご小憩のためお立ち寄りになり、御親拝された。当時の記録によると、十九日、明治天皇は祠官・本居豊頴の案内により本殿前の大床において御立礼で御拝礼あそばされたという。東京の神社で明治天皇が親しく御参拝なさったのは靖國神社と神田明神のみであったという。

その後、昭和十五年（一九四〇）十一月、明治天皇が当社に御臨幸あらせられたことを記念するため、当時の社司・平田盛胤や氏子総代・河合佐兵衛らが中心となり、皇紀二千六百年を契機に明治天皇御臨幸記念碑を建立した（現存）（図8）。

図８　明治天皇臨幸記念碑

〈兼務社の誕生〉

明治六年一月、町内に祀られる各神社が附属兼勤社（兼務社）として東京府社などに付属することになった。神田神社では、氏子町内である神田区（現、千代田区の一部）と日本橋区（現、中央区の一部）に祀られる神社が附属兼勤社となった。当時の附属兼勤社は、御宿稲荷（神田区三河町）、佐竹稲荷（神田区旭町）、真徳稲荷（神田区神田新銀町）、白旗稲荷（日本橋区本銀町）、常磐稲荷（日本橋区長濱町）、産千代田稲荷（日本橋区長濱町）、宝田稲荷（日本橋区大伝馬町）、池洲稲荷（日本橋区通旅篭町）、三光稲荷（日本橋区長谷川町）、巴熊稲荷（日本橋区富沢）、末廣稲荷（日本橋区蛎売町）、千代田稲荷（日本橋区小伝馬町）、玉尾稲荷（日本橋区橘町）、寶禄稲荷（日本橋区横山町）、川上稲荷（日本橋区新柳町）の十五社であった。

現在は、真徳稲荷神社（千代田区司町二丁目）、御宿稲荷神社（千代田区内神田一丁目）、佐竹稲荷神社（千代田区内神田三丁目）、金山神社（千代田区岩本町二丁目）、常盤稲荷神社（中央区日本橋本町一丁目）、富沢稲荷神社（中央区日本橋富沢町、旧・巴熊稲荷）、池洲稲荷神社（中央区日本橋堀留町）、白旗稲荷神社（中央区日本橋本銀町）、寶田恵比寿神

社（中央区日本橋本町）の九社の兼務社がある。

〈神葬祭と神田明神〉

江戸時代、神職は江戸幕府の神社政策により神職本人のみ神葬祭を許されていた。それが明治五年六月二十八日に「自葬ヲ禁シ葬儀ハ神官僧侶ノ内へ依頼セシム」という太政官第一九二号の布告により、神職以外の氏子等も神葬祭が許されるようになった。しかしその後、明治十七年一月二十四日の内務省達により神官が葬儀を斎行することが禁じられた。が、ここで意味する「神官」とは官国幣社の神職であり、府県社以下に関しては当分従前通りとされ、以後も実質的に神葬祭は許されることになった。東京府社であった神田神社は、この達以降も当然、神葬祭を斎行することができた。

こうした経緯のもと、神田神社の神職たちは神葬祭に関わるようになった。明治五年五月八日、神職の世襲廃止後、神田神社の初代祠官となった神代名臣は、大社教中教正として『葬祭摘要』を著し、また三条実美の国葬や森有礼の葬儀において副斎主として奉仕したりしている。五年六月二十四日、二代目祠官となった大崎昌庸は神道に造詣の深い儒者系統の学者であったが、祠官拝命以前の明治三年十月頃に、神祇官の外局・宣教使で作成した神葬祭・祖先祭祀の調査書・資料集『年忌考』を、伊能頴則、岡吉胤、渡辺玄包、久保季茲らとともに執筆している。

三代目の祠官・本居豊頴も神葬祭に深く関わっており、岩倉具視、三条実美の国葬をはじめ、有栖川宮幟仁親王ほか皇族の葬祭などにおいて斎主・副斎主をつとめた。明治七年十二月に、神田神社が東京府知事に提出した神葬祭に関する届出書には、華士族、男女を合わせ二十九名の神葬祭を執り行っていたことが報告されており、毎年多くの神葬祭を斎行していたことが推測される。

四代目の社司・平田盛胤は特に著名人の葬祭・慰霊祭に奉仕した。わかり得る範囲内で盛胤が神葬祭・慰霊祭を斎行した主要な人物をあげると、まず神葬祭では徳川慶喜をはじめ、その息子・徳川慶久、加藤友三郎、木村久寿弥太、鳩山春子、和田英松、阪谷芳郎、同夫人琴子らがいた。また追悼祭・慰霊祭では、賀茂真淵一五〇年祭、佐野常民十年祭、大隈重信追悼祭、西園寺公望慰霊祭などで斎主をつとめた。

〈将門公復権運動〉

平将門公は明治時代以降、天位を覬覦した日本史上唯一の叛逆者とされ、祭神として祀られていた将門公を除却せよとの言論が起こったことは先述した。そして神田神社などにおいて祭神将門公を摂社や末社へ移遷するという祭神改変が実行された。しかしその後、織田完之という人物が明治三十年代から四十年にかけて、将門公を叛逆者とする見方を誤りとし『国宝将門記伝』『平将門故蹟考』を著し、将門公の弁護論を展開した。

織田は内閣総理大臣に書を呈上して将門公の復権を訴え、自らの書を明治天皇の天覧に供するなど復権運動に尽力した。また将門塚・国王神社といった将門公を祀る場所に碑を建てたりするなど実践的な運動も行った。織田は幕末期、勤王運動に参加し、維新以後は大蔵省などに出仕し農書編纂・農政指導に従事して尚古派農学者などと称された。その織田が将門公を再評価し復権運動をするまでにいたったのは、農学者・農政家として将門信仰の盛んな関東諸国を農産物調査・農政指導のために回歴したことなどにより、活きた将門公への信仰・崇拝を実感したからであった。

織田は明治三十九年に大蔵省内にあった将門塚を整備し、その顕彰碑である「故蹟保存碑」を建立し、現在の将門塚の形式を築いた。故蹟保存碑は松方正義が書をものした。その後、関東大震災で倒壊してしまうが、昭和十五年に再建され当時の大蔵大臣・河田烈が書をものした。

〈神前結婚式のはじまりと東京名所としての神田明神〉

現在神社で行われている神前結婚式は、実は明治時代から始められた儀式であった。明治六年（一八七三）神宮教院から発行された『五儀略式』や大社教などの教派神道の人々が、三々九度といった室町時代の武家の作法や江戸時代の儀式などをとり入れつつ、神前結婚式の教本を作成した。

それが実現にうつされたのは、明治三十三年（一九〇〇）のことであった。同年五月十日、皇太子嘉仁親王（大正天皇）と九条節子姫（貞明皇后）の成婚が宮中三殿の賢所で斎行されたのが、神前式の最初であった。その後、日比谷大神宮（現、東京大神宮）で、三十四年三月三日と五月二十四日に模擬結婚式が行われ、三十五年九月二十一日に一般では初の神前結婚式が行われた。その後、明治四十年代には多くの神前式が行われるようになり、東京大神宮や日枝神社とともに神田明神でも多くの神前式が行われるようになった。

大正十一年（一九二二）一月八日、当時の額としては巨額の五万円をかけて新社務所が建設された。崖地を利用して地上一階、百二十二坪で、結婚式場を中心に三部屋、地下一階百九坪に社務所・写真室が設けられた。当時の新聞でも報道され話題となった。この社務所の新築は、主に神前結婚式が多くなってきたことに対応するためであったといえる(図9－1、9－2)。

神田明神は明治以降、神田神社と名称を変えた後も、東京名所の一つとして氏子はじめ多くの人々が足を運び参拝した。岡部啓五郎『東京名勝図会』(明治十年)、平出鏗二郎『東京風俗志』(明治三十二年)、東京市『東京案内』(明治四十年)などの名所記にも取り上げられ、錦絵でも多くの絵師が東京名所の一つとして描いた。また明治後期には絵葉書が作られるようになり、写真を印刷し海外用に製作されたのか、英語やその他の外国語が入った名所の絵葉書に神田明神の外観が使用されたりするようにもなった。近代においても神田明神が東京名所の一つとして見られていたことがわかる(図10)。

〈記念碑〉

神田明神の境内には、明治時代以降に多くの記念碑が奉納され建立された。中には現存するものもあり、文化財に指定されたものもある。

彰忠碑(現存)は、明治四十年(一九〇七)五月に日露戦争で戦没された神田区(現、千代田区の一部)出身者の生前の誠心を後世に伝えるため建立。碑表面「彰忠碑」は乃木

図 9-1　大正 11 年建立の社務所玄関口

図 9-2　大正 11 年建立の社務所遠景

図10　神田明神絵葉書（上・表）（下・裏）

KANDA MYOJIN, a Shinto Shrine located at Surugadai in Kanda ward, is dedicated to **Ona-muchi-no-Mikoto,** a deity who existed in the prehistoric age of Japan. The shrine claims a hoary antiquity, it having first been established in 730 A. D. It was only removed to its present site in 1616, but has been frequently burnt down and rebuilt since that time. In the shrine compound there is also a shrine in which **Taira-no-Masakado,** a notorious rebel leader of the 10th century, is apotheosized. Tradition says that after the overthrow of **Masakado,** his ghost used to haunt the locality and the shrine was built to pacify the departed soul. The shrine is very popular with the Tokyo people, and a festival takes place on September 15th every year. Being located on an elevation, the shrine compound commands a fine view over a portion of the city and is we[illegible]

希典による。なお、この碑の四隅には旧万世橋の橋柱が配されている。初代・万世橋は明治六年（一八七三）に架橋された東京初の石橋であった。製作は熊本出身の橋本甚五郎による。当時の東京府知事大久保一翁によって「よろずよ橋」と命名されたが、いつの頃からか「まんせい橋」と呼ばれるようになった。また俗に「めがね橋」とも言った。

水野年方顕彰碑（現存）は、大正十二年（一九二三）五月に浮世絵師・水野年方を顕彰する記念碑として建立された。年方は明治時代の浮世絵系日本画家・風俗画家。慶応二年（一八六六）に江戸神田紺屋町の左官職の家に生まれ、後に水野家の養子となる。月岡芳年に浮世絵を学び、その傍らで山田柳塘・柴田芳洲・三島蕉窓・渡辺省亭などについて南画を学んだ。美人画や歴史風俗画を得意とし、岡倉天心にも認められた。門下からは、鏑木清方や池田輝方ら俊才を輩出。代表作に『三十六佳選』や『今様美人』シリーズなどがある。平成十三年に千代田区の有形民俗文化財（歴史資料）に指定された。

この他にも、明治十年代に建立された新歳梅松之碑、大正九年（一九二〇）頃に建立された角田竹冷句碑など、明治大正期に建立された記念碑が境内で見られる。

〈震災と復興――日本初の鉄骨鉄筋コンクリートの社殿〉

大正十二年九月一日午前十一時五十八分、東京・神奈川を中心に未曾有の関東大震災が起こった。相模湾北西部を震源としたマグニチュード七・九の大地震と直後の大火災により、死者・行方不明者が約十万人に及び、約四十万世帯が深刻な被害に見まわれた。東京府内ではこの震災により、神田、日本橋、京橋、下谷、浅草、本郷、芝の地域に大きな被害が及び、神社では府社三社、郷社六社など、計八十六社の神社が炎上・羅災した。特に神田神社が鎮座する神田区の地域は元祖下町で、地盤が弱く木造家屋が密集する地域であったため、家屋の多くは倒壊し直後の大火により一面炎に包まれ、ほとんど壊滅的な状況に陥った。神田神社の境内も、猿楽町より飛び火した火災により、ほとんどの建造物・記念碑が崩壊してしまった。かろうじて社殿に鎮座まします御神霊は本郷区龍岡町の岩崎久弥邸内に遷座しことなきを得たが、天明二年（一七八二）に江戸幕府により建立された江戸後期を代表する社殿は跡形もなく焼失してしまった（図11）。

その後、同年九月二十五日、氏子総代と神職で再興のための協議が行われ、下付された建築用材で仮殿を建立した。そして十五年十月、菊池長四郎が中心となり氏子総代ととも

図 11　被災した神田明神境内（絵葉書　憶惨タル帝都ノ災害　神田明神ノ大惨状）

に神田神社復興会が結成された。この復興会はその後、昭和三年（一九三〇）に拡大され総裁・会長が置かれることとなり、総裁に元東京市長・阪谷芳郎、会長に東京商業会議所副会頭などをつとめた星野錫が就任、その他氏子総代たちが建築委員に名を連ねた。

社殿再建にあたって、設計監督に鉄筋コンクリート造により明治神宮宝物殿を設計した大江新太郎と、早稲田大学大隈記念講堂をはじめ多くの鉄骨鉄筋コンクリート造・鉄筋コンクリート造の建造物を手がけた佐藤功一、設計顧問に大江・佐藤に神田神社の設計を命じた伊東忠太が就任した。鉄骨鉄筋コンクリート構造母体工事は、鉄筋コンクリート造で木造建築の形態を忠実に再現した最初期の和風コンクリート造・真宗大谷派函館別院の工事を担当した木田保造により設立された木田組が行った。

新社殿の特徴は鉄骨鉄筋コンクリート造に防火性のモルタルなどを塗装した耐火耐震構造であること、全ての建造物に日本産の漆による塗装が施されていること、祭祀奉仕の便を考え社殿（本殿—幣殿—拝殿）が内部で一体化され渡廊下を介して幣殿と神饌所がつながれていること、が主なものであった。この他にも、拝殿を畳敷と石敷（土間）に二分し座礼と立礼に対応できるようにしたり、結婚式のために社殿と社務所・参集所を結ぶ地下道が設けられるなど、当時の神田神社とそれを取り巻く社会状況に対応した新しい文化を取り入れた設計と造営が行われた。

昭和四年十一月十二日に地鎮祭、時を置いて昭和六年二月二十七日に起工祭が斎行され、構造母体工事から始まり各工事が行われていった。同年六月三日の立柱祭、十月五日の上棟祭を経て、昭和九年五月に御神宝及び社殿内装備、煉塀工事終了により全工程が完了。同月七日午後八時より、氏子総代をはじめ神田神社復興会や技術関係者が参列する中、本殿への遷座祭が執り行われた。

ちなみに社殿以外の建造物は参集所や鳥居など一部の建造物は再建されたが、日本が国連を脱退し第二次世界大戦へと突入していくという激動の時代であったため、随神門など復興が計画されていた主要建造物は再建されず、それらの復興や境内整備は戦後に委ねられた。


〈新社殿が鉄骨鉄筋コンクリート造りになった理由〉

神田神社社殿（図12）の特徴の一つは、当時の神社建築としては最初期の鉄骨鉄筋コンクリート造で耐火耐震構造を持つことは先に述べた。耐火耐震構造の建造物を建立することが当然視された時代背景の中、鉄骨鉄筋コンクリート造を神社の建築材料・構造に適用

図 12　再建された鉄骨鉄筋コンクリート造りの社殿

することを、特に強く主張したのは内務省神社局技師・角南隆と大江新太郎であった。

しかし当時の意見として、神社建築はやはり古式に則り木造を厳守すべきということが大勢を占めていた。例えば伊東忠太は寺院建築については公会堂的な意味合いもあるので木造以外の建築材料を使用し新様式を適用してもよいが、神社建築は日本独自の建築様式でなければならず、古式を遵守すべきとした。たとえ「東京市内人家稠密の巷に介在する神社に於いても少くともその社殿は木造の古式を保つことを原則とすべきである」とし、鉄筋コンクリートを使用することにより日本独自の建築様式が破壊され神社の生命が失われてしまうということを危惧していた。さらに「合理主義」と呼ばれた建築家たちにより、鉄骨鉄筋コンクリート造により木造建築の姿を再現しようとすることは構造上、材料の性質上において不適当であり、コンクリートで木造建築の凹凸を施すことなど悪フザケだなどという辛辣な批判が多く出された時期でもあった。

そうした批判を押し切った形で、大江はこれからの神社建築、特に都市のそれのあるべき姿を鉄骨鉄筋コンクリート造という耐火耐震構造・材料に見たのであった。それは関東大震災を経て神社は火事によって容易に焼け失せるものであっては困ることを痛感し、耐火構造を持つ神社建築という当時の時代の要請にあった建築として変化していくべきと考えたからであった。

神田神社社殿は、鉄骨鉄筋コンクリート造という当時の新技術で造営された日本初の本格的な神社建築で当時の木造遵守という古式に反する建築であったが、その一方、日本の古式を意識し木造の姿に限りなく近づけようとする努力も同時にはらわれた。つまり神社建築という日本独自の建築様式への配慮が各所に見られるのである。その最たるものがこの社殿の二つ目の特徴である総漆塗である。コンクリートに日本産生漆を十七回にわたり塗装したのであるが、当時としてはおそらく日本初の試みであったと推測される。これは大江新太郎が研究を重ねて行ったことであったという。日本建築に使用された伝統的材料・漆を塗装することで、少しでも日本独自の建築様式である神社建築の味わいを表現しようとしたのであろう。

小屋組を鉄骨にして荷重を軽減させたり、柱間を少し狭めるなどして木造の比例に近づけ、木造のスレンダーさを出そうという工夫なども随所で行っている。

また社殿の外観を天明二年建立の木造社殿に近づけ総面積も江戸期のものとほぼ同じにし、氏子をはじめ参拝者に違和感を与えないようデザインしていることも見逃せない。

〈東京大空襲と神田明神〉

神田明神が空襲に遭った最初は昭和十八年（一九四三）十二月三十一日のことで、B二十九より三十発ほどの油脂焼夷弾が投下され、拝殿の銅瓦が一ヶ所打ち抜かれ損傷、瑞垣の一部も損傷し、参集所控室の天井が焼損した。社殿及び参集所、社務所等も焼夷弾三十発ほど被弾したが、警防団の協力により消火された。

昭和十九年十一月十四日、この日よりB二十九から一〇六回にわたり東京一帯に焼夷弾が投下された。いわゆる東京大空襲である。最大の被害は昭和二十年三月十日で死者十万人にも及んだ。その後、終戦を迎え八月十五日にラジオで玉音放送が流れた。三月九日夜半より十日にかけて起こった大空襲により町内の罹災者約三十人が社殿内に避難した。社殿は鉄骨鉄筋コンクリート造であったため難を逃れたが、参集所・儀式殿・写真撮影室、社務所・復興会事務所・工営所、仮設神楽殿、手水舎、神輿庫・祭器庫、禊道場、両国仮屋材料庫が焼失してしまった。また摂社大伝馬町八雲神社、同大国主神社、末社八幡神社、同稲荷神社、同浦安稲荷神社、同籠祖神社も焼失。摂社小舟町八雲神社と末社魚河岸水神社は類焼するにとどまった。

日本はＧＨＱが行った占領政策による支配を受けたが、特に神田神社および神田祭に影響を与えた主な政策は神道指令であった。昭和二十年十二月十五日、連合軍最高司令官総司令部参謀副官発第三号が出され、日本政府に対する覚書「国家神道・神社神道に対する政府の保証・支援保全監督並びに公布の廃止に関する件」により、日本全国の神社が国家の管理より離れることが決定された。この指令により、伊勢の神宮の式年遷宮の中止や神社の団体参拝・清掃奉仕の禁止、進駐軍による神社宝物の接収などが行われ、とある神社では土足で拝殿や本殿へ入られる事態までも起こった。また祝詞の中から「天皇」などの言葉の削除が命じられるなど、神事の面でも規制を受けた。

戦後から現代の神田明神

〈戦後直後の復興事業〉

昭和二十一年二月二日、勅令第七十一号により従来の神社関係諸法令が廃止され、宗教法人令を改正し神社が宗教法人として生き残る道が開かれた。神社の包括団体として神社本庁が設立され、その所属神社として登記の持続をすることになった。

昭和二十一年二月、社司・平田盛胤が逝去、同年六月に大鳥居吾朗が宮司に就任した。前年二十年五月には、神田明神維持会が結成されるなど境内復興と整備が行われていき、二十一年三月に社務所が再建、八月に社殿地下道を結婚式披露宴会場とするために塗り替えが行われ、写真撮影室や美粧室が設置され結婚式案内建札が建てられた。ちなみに、この時の結婚挙式料金は、亀一五〇円、鶴二五〇円、寿三五〇円であった。

昭和二十二年九月、終戦後に神社界ではいち早く広報誌『神田明神社報』を発行し、神社広報誌の先陣をきった。創刊号では明治神宮宮司・鷹司信輔の挨拶、二号では東京都神社庁長・香取茂世氏の寄稿や都内神社の紹介を掲載するなど、神田明神のことだけでなく東京都の神社の様子をも知らせる内容になっていた。この時期には明神文化協会が発足し、神前結婚式の普及や青少年の教化、伊勢神宮正式参拝など神道文化を人々に伝えることにつとめた。

昭和二十三年二月、神田明神維持会を神田明神奉賛会に改称し評議員制度が採用され、社殿裏背焼土の除去工事など境内復興事業を展開していった。

翌年四月、氏子総代七名と評議員四十六名により評議員会が開催され、明神児童文化会館の建設が決定された。八月には明神児童文化会館建設委員会を発足し、二十五年三月に地鎮祭が行われ清水建設により建造が開始、翌年八月に竣功し、明神会館と改称された。十一月には写真撮影室・美粧室・調理室も完成し、氏子企業である株式会社三越より舞台緞帳も奉納された。

昭和二十七年五月、神田明神美化奉賛会より宮城県金華山より神鹿十頭、鹿舎が明神美化奉賛会により奉献され、十月には東富士力士一行により鹿の角切り神事が奉納された。

昭和三十五年七月一日、神社本庁より別表神社に列格された。別表神社とは神社本庁が定めた旧官国幣社や規模の大きい旧府県社などの神社の中で「別に掲げられた神社」を意味し、宮司の下に権宮司を置くことが認められたりした。

〈氏子町と氏子神輿庫維持会の結成〉

政令十五号は、昭和二十二年五月に出されたもので、氏子町々に設置された旧町会、町会連合会の解散命令であった。解散後、それぞれの町では出張所や日赤奉仕団（赤十字奉仕団）という形で細々と町会の活動が継続された。そうした占領政策の中、わずかではあったが祭り及び町々の復活の気運も見られた。昭和二十一年九月に神田区の主催で神田復輿祭が行われ、猿楽神保町会などの町神輿が数基担がれ、山車人形神武天皇や熊坂長範が飾られたりした。

昭和二十七年四月二十八日、対日講和条約と日米安全保障条約が発効され、七年にわたるGHQによる占領政策が解除され、それと同時に神道指令も失効し神社界が活発化をみせはじめていった。政令十五号も同じく失効となり、町会が民主団体として復活、その後連合町会もでき町会の数は増加していった。神田神社の氏子町々を擁する千代田区の人口推移も、昭和二十年に四万四四一二人だったものが、昭和三十年に十二万二七四五人まで回復した。

同年、神田明神神輿庫維持会が結成、翌年より境内北側崖下に各町会の神輿庫が建設されていった。これは各氏子町会が発会され、町神輿が新調されていく中、神輿を保管する場が必要となってきたからであった。翌年以降、各氏子町会より神輿庫建設の申し込みを受け、五月に竣工祭が行われ明神会館にて竣工の祝賀会も開催された。三十年には増築も行われ、全て四棟二十七戸ができあがった。以後、維持会により定期的に会議が行われ、修復などが行われた。その後、昭和五十五年二月十七日に、現在の氏子神輿庫が竣工し、現在に至っている。

昭和二十八年十一月、神田囃子が東京都無形文化財に指定された。神田囃子は江戸時代に祇園囃子や馬鹿囃子が江戸風に変化した囃子が元といわれている。大正から昭和初期にかけて神田界隈の人々により神田囃子保存会が結成された。初代新井喜三郎が江戸囃子を神田風に組み替え、神田囃子を作り代々伝えたという。その後、神田に在住する青山啓之助が保存会初代会長となり、現在は立野喜久雄氏が会長をつとめている。

同年十一月三十日付けで宗教法人法施行による神田神社規則が認証された。昭和三十一年に宗教法人神田神社が登記された。

昭和四十五年二月、氏子を中心とした神田明神崇敬会が結成され、現在多くの氏子また氏子外崇敬者が会員として入会している。崇敬会では懇親旅行を第一回目に昭和五十五年から一泊で行って以来、数度行ったりしたこともあったが、現在はおおよそ四月の崇敬会春まつりを開催したり、崇敬会会員の方々の神社参拝を受け入れ楽しい時間をすごしてもらう行事を企画している。また平成十年までは春秋二冊、十一年以降は年に一度、崇敬会誌を発行し、一年の神田明神の出来事や催事を掲載している。また崇敬会では、平成十五年に神田明神と日枝神社の氏子有志による大江戸天下祭フォーラムの文化事業に対して助成したりもしている。

〈戦後以降の摂末社と記念碑〉

昭和三十八年九月、摂社江戸神社神輿庫が竣功し祭典が行われ、同日千貫神輿の宮入が行われた。これ以降、千貫神輿はこの神輿庫に奉安されたが、その後、平成四年に神田市場が大田市場に移転するに及び神輿庫を神社本殿に改修し、摂社として境内に祀られるようになった。江戸神社は神田市場内の江戸神社奉賛会の人々により崇敬されてきており、神田明神献燈会を結成し、隨神門左右に献灯提灯と献灯台を奉納するなど神田明神への崇敬もあつい。

戦後以降も、神田明神の境内には多く氏子崇敬者によりさまざまな記念碑が奉納された。昭和三十一年二月、坂東三津加氏より十萬円奉納記念碑、同年三月、草紙庵建碑会により小唄塚が建碑された。小唄塚は昭和三十一年、小唄作曲家・吉田草紙庵を追悼するため、堀越三升（贈十代目市川団十郎）、英十三《はなぶさじゅうざ》らによって建立された。草紙庵は左官職のかたわら長唄を初代清元に、三味線を二代梅吉に習い、さらに江戸小唄の作曲を手がけた。また「歌舞伎小唄」を創作した人物でもある。

「山茶花の散るや己の影の中」が刻まれている阿部筲人の俳句碑は、昭和四十七年に好日俳句会により建立され除幕式が行われた。平成十二年に建立された納札碑は、二〇〇枚以上もの「千社札」が刻み込まれた碑。千社札は、江戸時代中期より流行した「千社詣」からはじまったといわれ、参拝者が自分の名前・屋号などを記した紙札を社寺に貼ることでご利益が得られるとされた。浮世絵の技術発展とともに、デザイン性の高い彩り豊かな千社札が多く見られるようになった。

平成二十三年に御防講により奉納された巴紋大纏御防講記念碑は、神田祭や神田明神の諸行事にご奉仕される神田明神独自の警護団体・御防講の記念碑。明治四十二年に御防講棟梁・中村末吉氏が、自らの喜寿と御防講創立百年を祝い建立した大纏と記念碑にちなんで復活された。

〈新・明神会館と随神門の建立〉

神前結婚式の増加に対応するため旧来の明神会館を閉館し、境内右手に新しい明神会館を建立した。昭和三十八年十月に地鎮祭、翌年九月に上棟祭、昭和四十年に竣功し一月二十六日に披露宴が行われた。新しく建立された明神会館は、鉄筋コンクリート銅板葺で、建坪一千坪余。創建当初は一階に儀式殿、地階に参集室（披露宴席）、写真室、美粧着付室が設置された。

昭和四十九年一月、昭和天皇御即位五十年奉祝記念事業の一環として随神門建立のために「神田神社神門建設奉賛会」が結成され、会長に当時の氏子総代・廣瀬太吉氏が就任した。同年九月に地鎮祭を行い㈱松本設計事務所が設計監理をし、㈱奥谷組が施行を請負い、神田祭を延期して宮大工約六千人を動員し一年半の歳月を費やして建設工事が行われた。翌五十年四月に立柱祭、九月に古式に則った上棟祭を執り行い、十二月二十七日に竣功し竣工修祓式・くぐり始めの式が執り行われた。

創建された随神門（図13）は、総檜の入母屋造。二層建て、屋根は銅板瓦棒葺。各所に配した文様は伝統的なテーマをもとにしつつ、オリジナルなデザインを使用。外回りには四神（朱雀・白虎・青龍・玄武）、内側には「因幡の白兎」など、だいこく様の神話をモチーフにした彫刻を飾っている。また二層目に金箔をほどこした「繋馬」の彫刻が飾られているが、この繋馬は平将門公に由来するデザインである。

外側正面右は豊磐間戸神、左は櫛磐間戸神という随神像を奉安している。この像は熊本城域内の樹齢五百年の楠を使用、加藤清正公お手植えの楠と伝えられているものである。一木造で、長崎県の平和祈念像を手がけた北村西望が監修した。内側には、神馬一対を配

図 13　隨神門

している。氏子総代の遠藤達藏氏により奉献されたものである。

〈将門塚保存会の誕生〉

終戦後、進駐してきたアメリカ軍がブルドーザーで将門塚周辺を整地し一大モータープールを作ろうとした時、ブルドーザーを運転していた日本人が突然の事故で死亡した。内神田・神田鎌倉河岸の旧家・遠藤政藏氏（材木商、当時の町会長）が、将門公の話をして説得したため将門塚は残されることになったという。昭和三十四年（一九五九）、米軍のモータープールが撤収されるのをきっかけに、千代田区も将門塚を保存することを重要と考え史蹟に指定した。

その後、将門塚周辺の企業からなる大手・丸の内町会と内神田の町会有志や有力会社が発起人となり、昭和三十五年（一九六〇）七月二十八日、史蹟将門塚保存会が結成され、会長に氏子総代・山田壽二氏が就任、副会長に三菱地所会長・渡辺武次郎氏と内神田鎌倉町会長・遠藤達藏氏がつとめ、顧問に当時の農林大臣・赤城宗徳氏や当時の千代田区長・遠山景光氏を迎えた。山田壽二氏逝去後は、渡辺武次郎氏が二代目会長となった。会費醵出によって、将門塚例祭の執行、境内整備や樹木の手入れなど保存事業が行われた。

保存会による第一回整備修復工事は翌年より開始され、整地や植樹を行い玉垣を造り由来書や標識看板を設置するとともに、礎石の向きを東向きより西向きに改め（旧参道閉鎖のため）、仮参道を北側の国税徴収部内に設けた。そして昭和三十六年十二月、竣工報告を兼ね慰霊祭が盛大に行われた。

昭和四十年（一九六五）の秋、西北部の土地が再び民間に売却され、国税局が神田橋際の新庁舎ビルに移転し北参道が閉鎖されることとなった。そのため参道入口を南に変更する工事を計画し、日本長期信用銀行から工事費用の寄附を受け参入口石垣、階段、造園及び造埒工事を行い、昭和四十一年一月に完成した。

同保存会では結成より毎年秋の彼岸中の一日を選び、保存会主催によって将門塚例祭を執行している。また隔年五月、神田祭・神幸祭の際は鳳輦が巡行し奉幣の儀を行っている。

昭和四十五年九月、板石塔婆破損により、日本長期信用銀行、三井生命保険相互会社など会員の協賛を得て再建を行った。このとき塔婆の文字を古来の形に改めることとし、小栗家旧蔵の徳治年間の拓本に基き、遊行七十一世他阿隆然上人が新たにこれを染筆されたものを彫り込んだ。

昭和四十六年十一月、東京都教育委員会は将門塚を東京都文化財（都旧跡）に指定し、塚域に表示石柱並びに案内板を設置した。その頃、塚の入口に新道が開通し、相対する旧内務省の跡地に三和銀行東京本部ビルが建築された。また続いて塚の隣接地である北部皇居寄りに三井物産本社ビルが着工されたことにより四辺高層ビルに取り囲まれることとなったが、その竣功に伴い、昭和五十一年に塚域の再度の整備が行われ、保存事業は一応の安定をみるに至った。

昭和五十四年、将門公の武徳を太鼓で表現した太鼓集団・将門ばやしが米山穂積氏により結成され、後に神田明神将門太鼓と名称を変え、昭和五十五年四月には稚児太鼓も結成された。昭和六十年代には二月十一日の建国記念祭奉祝パレードに参加したり、現在も春祭りや将門塚例祭などで奉納演奏を毎年行っている。

平成九年に当時氏子総代をつとめていた遠藤達藏氏が三代保存会会長に就任した。その後、平成十五年の神田祭で初めて将門塚保存会及び大手・丸の内町会の人々による神輿宮入が行われ、さらに平成十七年の神田祭で、将門塚保存会大神輿が新調された。この神輿は江戸時代に平将門命がお乗りになった神輿と同じ形式で製作された。同年五月の神田祭の日、将門塚保存会及び大手・丸の内町会の人々により初の神輿宮入を果たし、以降、毎年大手町丸の内周辺を渡御し、二年に一度の神田祭で宮入参拝している。

平成二十七年四月、四代目会長に神田木材企業組合理事長・平野徳子氏が就任し、現在に至っている。

〈平将門命の復座〉

遡って昭和五十九年五月十四日、平将門命が三の宮として神田明神本殿へ復座することとなり遷座祭が行われ、十五日に復座奉祝例大祭が行われた。遷座祭は七百名という多くの都内を中心とした神職により奉仕された。

将門命復座の背景には、赤城宗徳氏はじめ多くの作家によって将門公に関する書籍が発行され、将門公追慕の風潮が高まったことが指摘できる。また昭和五十一年に将門公を題材にしたNHK大河ドラマ『風と雲と虹と』が放送されたりするなど、将門公ブームが起こっていた。氏子総代はじめ崇敬者からも、将門公の摂社将門神社（当時は神田明神本殿に合祀）から神田明神本社御祭神に復座をという声が高まり、ついに本殿に復座されることになったのである。

京都府に鎮座する京都神田明神の地は、平将門公の御首が晒された地で、その後空也上人により手厚く将門公の御霊が供養された場所と伝えられている。当初は神田宮という小祠が造られ祀られていた。その後、平成二十五年十二月、将門塚保存会会長平野德子により社殿が新築され遷座祭が行われ、京都神田明神（正式名称・京都神田神社）と改称した。

〈銭形平次の碑〉

昭和四十五年十二月六日、神田明神の社殿右側に日本作家クラブが発起人となり、銭形平次の碑が建立され除幕式が行われた。

銭形平次は往年の方々はご存知であろうが、野村胡堂の名作『銭形平次捕物控』の主人公で、神田明神下御台所町の長屋に恋女房お静と二人で住み、明神界隈を舞台に活躍するという内容である。小説『銭形平次捕物控』は昭和六年四月『文藝春秋オール読物』に第一作「金色の処女」が発表されて以来、二十七年間で三八三編も発表された。その後、フジテレビでドラマ化され大川橋蔵が平次役を演じ、昭和四十一年から昭和五十九年まで毎週水曜日午後八時より放映された。この銭形平次はドラマ史上最長の全八八八話が放送され、ギネスブックで世界記録にも認定された。

神田明神では銭形平次の碑の建碑だけでなく、昭和四十三年に大川橋蔵ほかの役者たちが銭形平次上演成功祈願祭と銭形まつりを開催し、以後昭和五十七年ころまで、この銭形まつりは行われた。

〈芸能界と神田明神〉

神田明神には、多くの芸能人が訪れテレビの収録、雑誌の撮影などを行っている。代表的なものを取り上げると、昭和四十五年に日本テレビの長寿番組『笑点』放送二百回記念で、神田明神で「笑点まつり」と称して落語家たちが神輿担ぎやバナナの叩き売りなどを行い、人気コーナー・大喜利も境内の仮設舞台で行った。

昭和四十九年、ホリプロダクションが森昌子を中心にしたタレントたちが『今日もこんにちは』の発表を記念して神前に奉告参拝を行った。

昭和五十年、平将門公を扱ったNHK大河ドラマ『風と雲と虹と』奉告祭が将門塚で斎行され、将門公役の加藤剛はじめ多くの人々が参列した。昭和五十四年、NHKテレビ番組『日本の新春』で境内より全国に生中継された。こうした正月行事の生放送は、その後も仕事始めの日を中心に、他局も含め神田明神で行われることが現在も多い。

昭和六十二年、神田明神がロケ地の一つとなった映画『帝都物語』の完成奉告成功祈願祭が行われ、島田久作、石田純一や原田美枝子、坂東玉三郎や佐野史郎らが参列した。その続編『帝都大戦』公開の時にも完成奉告ヒット祈願祭が行われ、島田久作他出演者が参列した。

昭和六十三年、歌舞伎役者・市川団十郎が国立劇場で公演予定であった「坂東修羅縁起譚」の成功祈願として神田明神と将門塚に参拝したりもしている。平成二十二年二月には、魚河岸会の新年参拝にも参列している。

平成二十一年四月、尾上菊五郎が神田明神のご神前で長唄「七福神」を奉納した。また平成二十五年二月、尾上菊之助が中村吉右衛門の四女・波野瓔子と神田明神で神前結婚式を行った。また菊之助は同年五月には神田祭・神幸祭に参列するなど、さらに節分祭豆まきでは、菊之助の長男・和史も参加するなど、家族ぐるみで神田明神とのご縁を結んでいる。十二月の文化交流館の柿落としでは、尾上菊五郎、菊之助の音羽屋二代が揃って舞踊を披露した。

ＡＫＢ48と神田明神の関係も、ＡＫＢ48劇場が神田明神の氏子区域である外神田にあるため非常に深い。ＡＫＢ48は、平成十七年十二月八日に千代田区外神田のＡＫＢ48劇場で初公演（なんと初公演の一般入場者はたったの七名だった）、平成十八年、シングル「会いたかった」でデフスターレコーズからメジャーデビューした。

神田明神との関係は、平成十九年、ＡＫＢ48が出演した映画『伝染歌』の除災厄除・ヒット祈願、平成二十年にシングル「大声ダイヤモンド」のヒット祈願などでＡＫＢ48が参拝したあたりからはじまった。平成二十一年以降は、毎年一月の成人式に二十歳を迎えたメンバーたちが参拝することが恒例となった。二月三日、節分祭豆まきの時にも、前田敦子、高橋みなみほか数名が豆まきを奉仕したこともあった。

ちなみに、節分祭の豆まきでは多くのタレントが参加している。『笑点』出演の落語家、『渡る世間は鬼ばかり』の出演者、神田うの、のんらが豆まきを行っている。

〈だいこく像ご尊像とえびす様ご尊像〉

昭和五十一年、崇敬者より一つ石で刻んだ日本一の石造だいこく様ご尊像が竣功し入魂除幕式が行われた。尊像は、高さ七メートル、重量約三十トンで御影石製である。

えびす様ご尊像は、東京駅の銀の鈴製作者で有名な宮田亮平先生（現、文化庁長官、当時、東京藝術大学学長）により製作された金属製の像で、平成十七年に除幕式が行われた。海の彼方からお越しになった少彦名命のお姿を現した像である。

〈氏子総代と氏子町会〉

現在の氏子総代は十名で構成されており、廣瀬元夫氏、廣瀬美智俊氏、山本恭人氏、三田芳裕氏、藤井隆太氏、宮入正英氏、山崎洋一郎氏、青木稔氏、渡邊秀次氏、山田信三氏がそれぞれつとめている。定期的また臨時的に氏子総代会が開催され、神社の運営や神田祭はじめ年中行事の執行などについて討議されている。

現在の氏子区域は、明治時代に定められた氏子区域を踏襲しており、千代田区神田、中央区日本橋をはじめ大手町・丸の内、秋葉原など一〇八町会となっている。またかつて神田多町や秋葉原といった氏子区域に青果市場（神田市場、現、大田市場）があったところから、市場の人々が崇敬する江戸神社が神田明神境内に祀られていることから青果市場の守護神ともされている。また氏子区域にあたる日本橋に魚河岸（築地魚市場、現、豊洲市場）があったところから、神田明神境内に魚河岸会が崇敬する魚河岸水神社が祀られ魚市場の守護神ともされている。

〈境内整備事業〉

神田明神では戦後以降、明神会館や随神門の建立など境内整備事業を続けてきた。昭和五十八年、今永利男が宮司に就任したが昭和六十二年五月に急逝、翌六月に大鳥居信史が宮司に就任し、平成の御代を迎えた。そして平成元年正月、明神会館内に新元号に因んで貴賓室「平成の間」が完成した。同年四月、昇殿参拝の増加に伴い、社殿右脇に明神会館の儀式殿を移築しエアコンを完備させた奥御殿を建立、格天井には片岡華陽が手がけた花鳥画が飾られた。

平成六年より大規模な平成の御造替事業が十一年まで長期に行われた。

まず平成六年四月より六月まで、準備事業として社殿総合調査・躯体コンクリート健全度調査・耐震診断調査他などが調査された。そして平成七年四月より八年十二月まで第一期事業として、社殿・社務所修復塗り替え工事、社殿塗り替え（フッ素樹脂明神色）、破風耐震補強、錺り金具類金箔メッキ、宿衛所・スロープ増設、正面大扉改修、神饌所・校倉宝庫・直会殿・瑞垣塗り替え、内庭整備、社務所塗り替えといった社殿と社務所の改修工事が行われた。

平成八年十一月より九年十一月まで第二期事業として、祭祀殿・資料館の新築工事が行われた。当建物は入母屋鉄筋コンクリート造で玄関唐破風という伝統的な門構えに、地下一階地上三階建てで延面積五三三・八六平方メートルであった。一階は祖霊祭や慰霊祭を行うための祭祀殿、二階三階は資料館展示室と収蔵庫、地下は多目的スペースとして造営された。

平成十年三月より十一年四月まで第三期事業として、随神門及び脇門廊、彩色及び塗り替え、耐震補強（基礎部補強・ステンレス鋼ブレース補強）、境内摂末社・神札所・奉安殿・神楽殿・手水舎、彩色及び塗り替え、明神会館・同別棟防水及び外壁塗り替えなど、境内建造物の塗り替えが行われた。

平成二十三年三月、東北地方を中心とした未曾有の東日本大震災に東京も被害を受けたが、平成の御造替事業の耐震補強により、神田明神の社殿は被害は全くなかった。

平成十四年、社殿内の幣殿から本殿にかけての金箔押しと彩色を施し、江戸時代の幣殿や本殿に近い姿となった。ちなみに江戸時代の社殿は本殿内々陣は金塗で、また御扉も金地で葵御紋が彫られていた。外陣や幣殿には、狩野洞春や養信ら狩野派の絵師により総金透かし彫りの鳳凰が描かれたりしていた。

平成十五年九月、本殿、幣殿、拝殿、神饌所、宝庫、瑞垣、東西門が、国登録有形文化財として登録された。

平成十六年より翌年にかけて第二次境内整備事業が実施され、参拝者待合所や御守授与所、休憩所を兼ね備えた鳳凰殿、氏子英霊を祀る祖霊社を建立し、その他にも、手水舎や石燈籠を修復した。

また平成二十二年より第三次境内整備事業が行われ、地上二階地下一階の祭務所・神楽殿の造営、境内緑化事業として屋上庭園の開園などが実施された。

〈文化事業と神田明神〉

平成の御造替事業の一環として、資料館が建立され平成十年正月にオープンした。資料館では、江戸時代と現代の神田祭ジオラマはじめ、神田明神や神田祭、江戸文化に関する絵巻や浮世絵、古文書などの歴史資料が多く展示され、また多くの資料が蒐集され今に至り、文化事業の一端を担っている。現在、資料館には歴史資料など約三千点、浮世絵約千五百点を所蔵している。正月や神田祭の期間に特別展を行ったり、アニメなどとのコラボ展示も企画している。

現在、資料館に所蔵する資料で文化財に指定されているものは、国指定重要美術品の『梅花鮫皮包鞍鐙』はじめ、千代田区指定文化財（絵画）の『紙本着色　神田明神祭礼絵巻』や『紙本着色　神田明神祭礼図巻』など、六点の絵画資料や古文書がある。

ちなみに、資料館ができる以前にも社殿、明神会館などを使用して、浮世絵などの特別展を開催したこともあった。さらに遠くさかのぼって明治時代に、日露戦争凱旋を記念して神田明神に各町の山車を展示した「神田明神記念博物館」を建立する計画が立てられたが実現しなかった。

神田明神の文化事業として最も長く開催されているのは明神塾である。江戸文化講座・神田かるちゃー倶楽部明神塾は、平成九年十二月より、平成の御造替事業完成を記念し、文化の継承と発信を目的にはじめられた。江戸を中心テーマに江戸の文化を探り、新発見しようという現代の寺子屋をイメージした講座である。

江戸開府四百年の平成十五年・巻之六より塾長を置き、年間テーマを設定した。十五年は荒俣宏氏、そして十六年〜十九年、二十二年と二十三年は田中優子氏、二十年と二十一年は鎌田東二氏、二十四年より現在まで安藤優一郎氏がそれぞれ塾長に就任し、年間テーマに沿った講座を行ない今に至っている。また平成二十四年より二部制を採用し、一部で神社神道・神田祭講座、二部に塾長とゲストの講演・対談という形式になった。

その他の文化事業として、巫女さん入門講座、夢叶参拝など、多くの文化講座を行っている。平成十八年より始まった巫女さん入門講座は、巫女姿の女子高生や女子大生たちに日本文化や神社文化を講義し作法を学んでもらう講座として行われている。

神田明神あるいは神田祭に関する書籍の出版も多く行っている。神田明神に所蔵する文化財としての絵巻を掲載する『神田明神祭礼絵巻』、また、神田明神の歴史をまとめた『神田明神史考』を刊行。『巫女さん入門』『巫女さん作法入門』『神社のおしえ』など、一般向けの神社概説書の監修や編著も行っている。また研究者を助成して神田明神選書という神田明神ならびに神田祭の研究書を現在、五冊出版している。二年に一度の神田祭の年には、毎回、神田祭ガイドブックとＤＶＤ『神田祭大図鑑』も製作し一般にも頒布している。

海外における文化事業も数度行っている。平成十二年四月、アメリカ合衆国カリフォルニア州サンフランシスコで毎年開催される桜まつりに、神職はじめ百名が使節団として渡米し初めて参加した。この時、神田明神より神輿を寄贈し、氏子や地元住民が一緒になってパレードに参加したが、現在も毎年桜まつりでこの神輿は担がれている。

文化交流館　2･3階吹き抜けの神田明神ホール

平成二十七年七月、フランス共和国パリのノール・ヴィルパント会場で行われた日本文化を紹介するイベント・ジャパンエキスポにおいて「Kandamatsuri × Lovelive !」出展のため神職が出張した。特設ステージにて雅楽の演奏及び神田祭の映像を放映し、神田明神、神田祭、雅楽に関しての解説を行うなど、海外へ日本の伝統文化を紹介する試みを行った。

現在も各国大使館や留学生などを受け入れ、日本及び神社の文化に触れてもらう機会は増えつつある。平成二十四年、神社本庁が一般社団法人国際文化協会とともに「駐日外交官のための神道セミナー」を開催した際、神田明神で神輿体験の場を提供した。また平成二十九年、三十年に文京区の私立大学・文京学院大学外国語学部の留学生に授業の一環として、参拝の仕方や神職巫女装束や雅楽の体験など、神社の文化を講義したりするなど、積極的に日本の文化を海外の人々に知ってもらうための試みを行っている。

平成二十八年五月、世界的に有名な石油会社・ロイヤルダッチシェル主催のインバウンドイベント、同年十一月、世界六十四カ国の約五三〇の高級ホテルや一流レストランが加盟する「ルレ・エ・シャトー」の世界大会などが神田明神境内で行われた。雅楽や神田囃子、阿波踊りなど日本の伝統文化に海外の人々が触れるイベントの受け入れも行っており、こうした催事は今後ますます増加することであろう。

〈神田明神のお守り〉

時代そして場所により、人々の願いは異なる。古代の稲作文化では五穀豊穣を、そして武士の時代になると武運長久が願いの主なものであった。現在、人々の願いは多様化しそれとともに神社へのご祈願の内容も変化していく。特に東京都心では、生活様式が多様化していくなか、人々の願いも非常に多くなっている。現在、神田明神で授与しているお守りは六十種類以上もある。

歴史的なお守りとして、先にも記したが「勝守《かちまもり》」がある。江戸時代後期・寛政五年（一七九三）に記された『神田大明神御由緒書』に、江戸開府以前、徳川家康公が石田三成との天下分け目の関が原の戦いに臨んだ際、神田明神の神職に戦勝祈祷を命じた。神職は家康公の戦勝を毎日真心込めて祈願していたが見事に家康公は勝利し、さらに勝利した日が九月十五日という神田祭の日にあたったということで、家康公は非常に喜ばれたという。「勝守」は江戸時代のそうした御由緒にあやかったお守りで、今日においては勝負事の他にも商談成立、学業成就など成功に導く強いお守りとして多くの参拝者に授与されている。

また現代的なお守りとして参拝者の興味を引くのは、「IT情報安全守護」というお守りである。平成十四年はＷｉｎｄｏｗｓＸＰとＭａｃＯＳＸ10.0が発売され、インターネットの普及などによりパソコンが身近なものとなってきた年であった。この年の正月、パソコン全体の情報を守るためのお守りとして、神田明神において本格的に授与をはじめたのが「IT情報安全守護」である。神田明神の氏子区域（神田・日本橋・秋葉原・大手町・丸の内など一〇八町会）には、電気街・ビジネス街があり、パソコンに囲まれた環境で仕事をする人々が多くいる。コンピューターウィルス、フリーズ、強制終了、個人情報、サイバーテロなど、人力だけではどうしようもないパソコンの不具合に悩みをもつ多くの人々がいる。商売繁昌・家内安全といった従来のお守りでは対応しきれないIT関連のお守りの必要性が生じてきたため、明神さまのご神徳をいただき、このお守りを授与するようになった。新聞雑誌にも多くとりあげられ、あるビジネス雑誌ではパソコンのセキュリティー対策の一つとして紹介された。

〈アニメや漫画とのコラボ〉

神田明神では現代文化も積極的に取り入れている。それは参拝者が現代の人々であり、現代に生きる人々の願いをかなえる場が神社であるからだ。現代文化を受け入れてこその神社であるといえる。

その中でも特にアニメや漫画とのコラボレーションが最近では目立つ。平成十一年にリカちゃんフィギュアお守り、平成十二年にチョロQ、リカちゃんの絵が織られたお守りを授与。その後、平成十七年、高橋留美子原作の漫画・アニメ『犬夜叉』、平成二十年に吉崎観音原作のアニメ『ケロロ軍曹』が、それぞれ織り込まれたお守りを授与した。

『ケロロ軍曹』は、平成二十一年五月の神田祭・神幸祭の時に、ケロロ軍曹たちの乗るバルーン製の山車も出した。この山車は、平成二十年六月八日に秋葉原で発生した無差別殺人事件の悲劇のあと、歩行者天国もなくなってしまった秋葉原に再び元気を取り戻すため、「アキバに元気を取り戻そう！」というメッセージをこめて出したものであった。

神田明神とアニメとのコラボで最も有名なのは『ラブライブ！』であろう。『ラブライブ！』は、千代田区にある女子高・音ノ木学院の三年後に迫る統廃合を目の前に、九人の生徒がアイドルになって学校を有名にし入学希望者を増やして廃校を阻止しようとするストーリーのアニメで、現在爆発的な人気を誇っている。その最初は平成二十二年に雑誌『電撃ジーズマガジン』（ＫＡＤＯＫＡＷＡ）の誌面でのショートストーリーから始まった。

その後、登場するキャラクターたちによるアイドルユニット「μ's（ミューズ）」が結成され、声優アイドルユニットも誕生した。平成二十五年にＴＯＫＹＯ ＭＸほかでアニメ第一期がスタートし、翌年には第二期も放送された。平成二十七年には映画『ラブライブ！The School Idol Movie』が公開されるなど、世間的にも話題となった。

神田明神とのコラボは、平成二十四年に秋葉原で展開された『秋葉原×ラブライブ！キャンペーン』への協力から始まる。そしてアニメ放送開始の時、登場人物の一人・東條希が神田明神の巫女として登場した。平成二十六年、東條希が描かれた絵馬が、平成二十七年に東條希が織り込まれたお守りが授与されるようになり、翌年四月に神田祭ガイドブック『神田祭――神田明神と神田祭を知るための本』に、ミューズが巫女の姿をしたイラストが掲載され、そのイラストが印刷された大絵馬の授与も始まり、神田明神とラブライブ！とのコラボが話題となった。

平成二十八年九月三日、漫画家・秋本治氏と版元の集英社により、八メートルの『秋本治「こちら葛飾区亀有公園前派出所」連載四十周年　江戸総鎮守神田明神遷座四百周年記念奉納絵巻』が奉納された。この絵巻は、『こち亀』連載四十周年と神田明神遷座四百周年を記念して奉納された絵巻で、戦後から現代までの東京と、こち亀キャラが山車を引きながら神田明神にやってくる風景、子供の遊びや流行の変遷など、歴史的出来事が描かれている。この時から、主役の両津勘吉と纏を織り込んだお守りと、こち亀の登場人物が描かれた大絵馬の授与が始められた。翌年五月の神田祭では、こち亀絵巻に描かれた『こち亀』の主人公・両津勘吉の大きなバルーンが神幸祭の時に出され話題となった。

さらに平成二十九年に川原礫原作のアニメ『ソードアート・オンライン』と、Ｋｏｉ原作のアニメ『ご注文はうさぎですか?』、『冴えない彼女の育て方』、三十年に『僕たちは勉強ができない』、『文豪ストレイドッグス』、『シュタインズ・ゲート ゼロ』など、多くのアニメとのコラボを展開している。

ここで書き添えておくと、神田明神ではアニメとのコラボだけではなくスポーツとのコラボも積極的に行っている。例えば、氏子のプロ野球チーム・読売巨人軍とのコラボ。平成二十七年、二十九年五月、東京ドームでの巨人戦を「神田祭デー」として開催、神田明神のキャラクター江戸っ子みこしーと、巨人軍のマスコットキャラクター・ジャビットとの競演なども行った。

〈現在も賑わいを見せる神田明神の境内〉

年の初め正月元旦零時より三が日にかけて、多くの人々が氏神様や有名大社へ初詣する習俗が現在では定着している。また三が日後の四日、五日には企業の初詣とも言える「仕事始め参拝」で、各企業が氏神もしくは崇敬する社寺に社員一同で参拝する姿も、現在、多くの社寺で見られる光景である。

神田明神は日本の国作りをされた大己貴命《おおなむちのみこと》（だいこく様）と少彦名命《すくなひこなのみこと》（えびす様）をご祭神として祀っているため、例年一月中で約一万社の企業が昇殿参拝し、お賽銭箱の前での参拝者は数え切れないほど多く、神社より秋葉原駅まで、神社より御茶ノ水駅まで、それぞれ長い行列ができる（図14）。

一月には神田明神独得の行事、だいこく祭が行われる。神田明神一の宮のご祭神・大己貴命こと、だいこく様のお祭りとして、昭和五十年代頃より行われるようになった祭りで、福徳祭とも呼ばれる。だいこく様ご尊像前でのだいこく祭、四條流庖丁儀式、祈願串成就祭などが行われ、参拝者に福笹も授与している。

このだいこく祭の中で最も参拝者に注目されている行事が、「寒中禊がまん会」である。

図 14　仕事始めの参拝風景

成人を中心とした有志が、氷柱数本の入った禊場で冷水を浴びることで身を清める儀式を行う。その元をたどると、神田のれん会が昭和三十年頃よりはじめた「がまん会」がそのルーツである。当初、がまん会は七月の「耐熱修行がまん会」と一月の「寒中がまん会」とがあり、最後までがまんした人が優勝するという競技性が高い行事であった。

昭和五十二年の寒中がまん会を最後に神田のれん会によるがまん会は中止され、その後、昭和六十三年に神田明神主催により寒中がまん会が復活し、今日では「寒中禊がまん会」という名称で行われている。

こうした年中行事をはじめ、いまではアニメとのコラボによる若者たちの参拝、国際化による外国観光客の増加などにより、年々、神田明神へ足を運ぶ参拝者は増えており、毎日境内は非常に賑やかである。

こうした参拝者や観光客の増加にかんがみ、平成三十年十二月に文化交流館を建立（第Ⅴ章参照）。一階には昇殿参拝受付とお守り授与所をはじめ、神田明神オリジナルグッズを置く土産店ＥＤＯＣＣＯ　ＳＨＯＰ　ＩＫＩＩＫＩや飲食ブースＥＤＯＣＣＯ　ＣＡＦＥ　ＭＡＳＵＭＡＳＵ、二階三階には神田明神ホールという日本文化をはじめ多目的に利用できるホール、地下にはインバウンド向けイベントスペースＥＤＯＣＣＯ　ＳＴＵＤＩＯがオープンしている。文化交流館は、どのような参拝者にも対応できるような施設として誕生した。境内は史上の賑やかさとなることであろう。

Ⅳ　神田祭と年中行事

神田明神の年中行事

神社において、多くの年中行事が行われていることはご存知のことであろう。江戸時代の神田明神で行われた年中行事は、江戸後期の記録によると、縁日も含めて以下の行事が行われていた。

一月一日、日出拝　八日、御社奉幣神楽執行、産土神参　一月中、大国神・恵比寿神参
四月二十一日、太々神楽
五月頃、摂社牛頭天王三社守札配布
六月一日、富士参　五日、大伝馬町持二の宮牛頭天王社祭礼　七日、南伝馬町持一の宮牛頭天王社祭礼　十日、小舟町持三の宮牛頭天王社祭礼　十八日、兼務社・四谷天王稲荷祭礼　三十日、夏越の祓
九月十四日、神田明神祭礼斎夜神事（隔年）　十五日、神田明神祭礼（隔年）　十六日、祭礼御礼参り（隔年）

十二月二十日、二十一日、年の市　三十一日、年越の祓　十二月末頃、疫神斎

各月一日、十五日、二十八日には、神事と産土参が行われた。

明治時代頃の年中行事は、明治三十三年に書かれた記録によると、以下のような行事であった。

一月一日、歳旦祭　三日、元始祭　八日、神楽初　二十日、言代主神祭　三十日、後月輪東山陵遥拝式

二月四日、祈年祭　十一日、紀元節遥拝式　午の日、稲荷祭

三月十三日、粟島神祭　十八日、柿本祭　春分の日、旧奉仕者及氏子有志者の霊祭

四月二日、松尾神祭　三日、畝傍山東北陵遥拝式　九日、稲荷神祭　二十一日、古式太々神楽

五月中旬数日間、神田祭・神輿渡御祭（隔年）　十八日、竈神祭

六月一日、富士神祭　五日、大伝馬町八雲祭　七日、江戸神社祭　十日、小舟町八雲神社祭　十五日、日枝神祭　三十日、大祓、住吉祭

七月二十四日、二十一社祭　二十七日、諏訪神祭

少彦名命（えびす様）ご尊像

八月十五日、八幡祭　十六日、三島祭
九月十四日、斎夜神事　十五日、例大祭　二十一日、小屋安神祭　秋分の日、秋季霊祭
十月十日、琴平神祭　十七日、神宮遥拝式、天祖神祭　二十日、言代主神祭
十一月三日、天長節祭　五日、猿田彦神祭　八日、金工祖神祭　十七日、秋葉神祭、二十三日、新嘗祭　酉の日、大鳥神社祭
十二月二十八日、大祓　三十一日、神殿神門鎮花道饗井神厠神祭
各月一日、十五日には月次祭が行われた。また隔月甲子の日に、大国主祭が行われた。

平成三十年の年中行事を見てみると、以下の通りである。
一月一日、歳旦祭・初詣　初旬、仕事始め参拝　十三、十四日、だいこく祭（寒中禊がまん会、四條流庖丁儀式、祈願串成就祭）　十七日、神楽始め（太々神楽）　下旬、厄除大祈願祭
二月三日、節分祭豆まき式　十一日、紀元祭　下旬、魚河岸水神社新年参拝　下旬、浦安稲荷神社例祭
三月上旬、末広稲荷神社例祭

四月初旬、崇敬会春まつり　一日、祖霊社春季例祭　三日、祈年祭（春大祭）、新入学児童健育祭
五月一日、合祀殿春季例祭　中旬、神田祭（鳳輦神輿遷座祭、氏子町会神輿神霊入れ、神幸祭、神輿宮入、江戸神社例祭）（隔年）、献茶式（表千家家元奉仕）、明神能・幽玄の花（金剛流薪能）　十五日、例大祭
六月初旬、大伝馬町八雲神社例祭、小舟町八雲神社例祭　三十日、夏越大祓式
七月初旬、大祓形代流却神事　七日、七夕祭
八月中旬、納涼祭り
九月彼岸中、将門塚例祭　下旬、祖霊社秋季例祭
十月一日、合祀殿秋季例祭　八日、金刀比羅神社例祭　中旬、三宿稲荷神社例祭
十一月初旬、籠祖神社例祭　十五日、七五三詣祝祭（十一月中、七五三詣）　二十五日、新嘗祭（秋大祭）
十二月十二日、煤納め　下旬、除災大祓式　三十日、師走大祓式、除夜祭
各月一日に月次祭と祖霊社月次祭、十五日に月次祭を行っている。また毎年、甲子の日に甲子だいこく祭、一・五・九月に魚河岸水神社例祭、三・六・十一月に京都神田

明神例祭を行っている。
こうした数々の年中行事の中でも、まず神田祭をとりあげなければならないであろう。

江戸時代までの神田祭

現在、日本三大祭または江戸三大祭の一つと言われる神田祭は、神田明神の鳳輦神輿行列が東京都内一〇八の町々を練り歩く神幸祭と、二百基近くの氏子町会が管理する氏子町会神輿が町内を渡御し神社に宮入参拝する神輿宮入を中心に、一週間の間行われる東京屈指の祭礼である。二年に一度、五月中旬の土曜・日曜を中心に行われるこの神田祭は、江戸っ子による賑やかな神輿のもみ担ぎが行われるのが特徴である。しかし神田祭の歴史を紐解いた時、意外な姿が浮かび上がってくる。

江戸時代の神田祭は、江戸幕府の費用負担により出された神輿二基、氏子町により出された各町のシンボルとも言える三十六番四十五本前後の山車、氏子町による仮装行列を中心にした附祭《つけまつり》、江戸幕府と氏子外の町々の費用負担により出された御雇祭、さらに氏子の武家により出された警固、神馬などからなり、非常に長い行列、そして多方面の人々が関わって構成された祭礼であった（図15）。

〈神田祭はいつからはじまったのか？〉

「神田祭は、いつから始まったのか？」とよく聞かれる。神社の祭というのは普通、神が祀られてはじまるもので、神田祭の場合は、神田明神が創建された天平二年（七三〇）から始まったと言える。当時の記録が全く残されていないので詳しいことは分からないが。

神田祭が規模を大きくしていったのは江戸時代からのことであろう。神田祭は幕府の庇護の下、大祭化し江戸城内に祭礼行列が入り将軍が上覧するようになった元禄元年（一六八八）から慶応三年（一八六七）の最後の祭礼まで、約二六〇年にわたる江戸時代の長い年月の中で約九十回も執り行われた。その長い歴史の中では、改革による行列の規制、政治状況や幕府及び町々の財政状況などにより、当然変化を見せた。

〈江戸以前の神田祭と神事能〉

大道寺友山の回想録『落穂集』の中に、徳川家康公が江戸へ入ったばかりの頃の神田祭について、毎年九月祭礼の時には木立の中に幟を立て並べ、近傍より栗や柿などを持ち出し賑わったという記述が見られるが、祭礼行列などが出された記載は見られず、秋の収穫祭のような祭が行われていたようだ。

またその後の記録によると、かつて神田明神の境内では九月中旬に神事能が行なわれていた。神事能は江戸においては神田明神に限られた神事であり、それは神田明神の御託宣により始まったという。当初は毎年九月十六日に神事能を行っていたが、大永四年（一五二四）、北条氏綱が上杉朝興を打ち滅ぼし武蔵国を治めた由緒から、三年目ごとに神事能を行うようになった。この神事能は、江戸時代になると暮松太夫、宝生太夫、のちに喜多十太夫が行った。この神事能の興行のために江戸の町々より年番町が数町決められ、年番町の名主の世話により町々からの出銀が集められた。

しかし享保六年（一七二一）に起こった神田永富町・三河町から出火した火事により、神事能で使用する能道具一式を納める倉庫と能舞台が焼失してしまったため、また宝生太夫らに出す謝礼金の高騰や火事による町々の困窮もあり、享保五年（一七二〇）九月十八日の神事能を最後についに断絶してしまった。

図15　神田御祭礼之図（歌川貞秀・画）

神田御祭禮之圖

〈船渡御と隔年斎行〉

『神田大明神御由緒書』に、家康公が江戸入府したばかりの頃は神田祭は毎年舟祭として行われており、神輿が竹橋より御船にて小船町・神田屋庄右衛門邸前まで渡御し、そこから陸地を渡御したとあり、天正十八年（一五九〇）頃までは、船による神輿渡御が毎年執り行われていたようだ。船による渡御から陸での渡御へと変更されたのがいつの頃からか不明である。その後、天和元年に毎年執り行われていた神田祭が、町々の祭礼費の負担を顧慮され、山王祭と交互で隔年に斎行されることになったと言われている。

〈江戸城内への行列参入と大祭化〉

神田祭が大祭化つまり江戸幕府の官祭・天下祭となったのは、元禄元年（一六八八）に祭礼行列が江戸城内に初めて入ってからで、この時、五代将軍綱吉の実母・桂昌院が上覧した。当初の江戸城内での祭礼行列の道筋は、神田橋御門から入り常盤橋御門から出ていたが、宝永三年（一七〇六）に新しく設置された上覧所前を通るようになった（図16）。正徳四年（一七一四）、幕府は天下祭として神田祭と山王祭に根津権現の祭礼を加えたが、享保三年（一七一八）、旧例に従い神田祭と山王祭の二祭礼の隔年執行に戻された。

〈享保の改革と祭礼行列の膨張〉

八代将軍吉宗が着手した享保の改革は質素倹約を柱とした改革で、当時華美を尽くした祭礼も当然大規模な規制の対象となった。享保六年四月の町触において、町々より祭礼に曳き出された大型屋台の全面禁止や練物人数の制限などを命じられた。江戸城内での道筋も短縮され、上覧所前は通らないよう命じられた。

しかし時代が流れ、寛延三年（一七五〇）になると、江戸城内における祭礼行列の道筋が改革前に戻され、再び上覧所前を通るようになった。さらに吉宗が薨去し宝暦年間になると、再び賑やかな祭礼行列が出されるようになった。宝暦九年（一七五九）、禁止された大型屋台や屋台に紛らわしい山車などが出されていることに対して、改めて禁止令が幕府より出されたものの、おおよそ規制が緩和され再び賑やかな神田祭の姿を取り戻していった。

天明三年（一七八三）、神主芝崎大隅守より、神輿行列の順番を行列の最後尾より山車十番と十一番の間に変更したい、との願いが出され幕府より許可された。こうした事態が

図 16　江戸城内での神田祭上覧（千代田之大奥　神田祭礼上覧　揚州周延・画）

起こってきたことからも、この頃の行列の盛大さをうかがい知ることができるであろう。

氏子町々より出された行列は、享保期までの山車と大型屋台で構成された行列から、手持ち万燈、踊台、底抜け屋台、引物、造物、仮装行列といった附祭、山車へと変化していった。これら附祭は江戸で流行した文化芸能を雑多に取り入れた行列であった。この附祭が江戸時代を通じて祭礼行列の中で最も賑やかで人気のあった出し物であった。また御雇祭という行列も出されるようになったが、江戸幕府により費用が出され任用された行列で、主に太神楽と独楽回しが出された。

〈祭礼の流動期〉

松平定信が老中に就任すると寛政の改革が実施され、その一環として、寛政三年（一七九一）に再び祭礼への規制が加えられた。天明の大飢饉後にかつての享保の改革にならう形で質素倹約が計られ、また天明の打ちこわしなどの一揆の警戒とも相まって、附祭が太神楽一組とその他二組に縮小された。以降、寛政五年に定信が罷免された後も、文化八年（一八一一）まで、原則として附祭は三組とされた。

その後、文化十年（一八一三）より文政六年（一八二三）にかけて附祭三組、御雇祭一組とわずかに増し、八年にいたり附祭と御雇祭合わせて九組が出され、大奥所望による「御好附祭」「御好の品」などと呼ばれた品替御雇祭も出され盛大に行われた。十年、御雇祭が中止されたが、附祭が十六ヵ所となり一ヵ所より一品ずつ出すことが定められ、以降、天保十年（一八三九）まで続いた。

しかし、水野忠邦が老中に就任し天保の改革が始まると、三たび祭礼は規制された。御雇祭が復活し松井源水のこま廻しが加わるようになったものの、附祭が十六ヵ所から三ヵ所、一ヵ所より三品と縮小された。しかし、屋台の全面禁止を行なった享保の改革、及び附祭の大幅な削減を行った寛政の改革に比べれば、附祭の数が計九品であったことなどから、規制としてはあまり厳しくはなかったと推測される。

〈混乱期そして終焉〉

安政二年（一八五五）、安政の大地震後に行われた倹約政策の影響もあり、神田祭は大幅に縮小された。山車や附祭など町々よりの行列は江戸城内へ入らず町々を勝手に練り歩くよう命じられ、御雇祭は中止された。神輿行列のみは江戸城内へ入ることが許されたものの、上覧所前は通らず神田橋御門から神田橋御門へという道筋に、かつてないほど短く縮小された。

しかし次の四年の祭礼では、附祭や御雇祭は出なかったが山車の行列は江戸城内へ入り、さらに六年には、市中景気回復のために幕府が進んで祭礼を盛大に行うよう命じるという、全く逆の現象が起きた。

文久二年（一八六二）、祭礼行列が出ない蔭祭の年であったにもかかわらず、氏子町々より山車や踊台が出され、その逆に天下祭として最後の慶応三年（一八六七）の神田祭では神輿行列のみの渡御となるなど、幕末という時代の流れの中、幕府と同様浮き沈みの激しい祭礼が執り行われ、そしてついに幕府の崩壊とともに天下祭としての神田祭は終わりを告げたのであった。

明治から昭和戦前の神田祭

〈明治初期の神田祭〉

明治時代、初の神田祭は東京奠都後の明治二年九月十五日に行われた。強力な支援母体であった江戸幕府が崩壊し、江戸時代からの氏子町々による山車や附祭なども出されず神輿渡御のみの祭礼であった。山車や附祭が出されなかったのは、東京府及び神祇官より山車や附祭を出すことを禁じられたためでもあった。この年の神輿渡御では、慶応三年（一八六七）の最幕末期の道筋が採用され、神田橋御門から入って常盤橋御門から江戸城外へ出た。江戸時代と明治時代との狭間に行われた、いわば臨時の形態であったと言える。

神田祭に大きな変化が見えはじめてくるのは、明治三年からであった。まず延宝年間以前の古儀に復して毎年行うことになった。三年以降の神輿渡御の巡行路は、氏子町を二分し、三年と四年の二年間ですべての町を神輿が渡御する道筋とされた。この時期の巡行路は氏子区域が制定される以前であり、元武家地を巡行しなかったり、後に他の神社の氏子区域となる町々を巡行したりした。この年より、江戸時代の時のように江戸城内へ入る一大パレード的な祭礼から、氏子町々を細目に巡行する祭礼になり、江戸時代の祭礼とはその意味も目的も全く違う祭礼として行われるようになった。

五年の神田祭は東京府社として新しく任命された祠官・祠掌により行われ、さらに氏子区域画定後の祭礼であった。この年より再び隔年執行となり、二分された氏子区域を二年ごとに交互に神輿が巡行することとされた。この時、氏子町々より山車三十五本と附祭

（踊屋台三台、地走踊など）が出され、江戸時代の神田祭に近い賑やかな祭礼が行われた。

この年、神田祭の神輿行列に江戸時代にはなかった錦蓋、翳、五色旗、雅楽などが新たに加えられた。また鼻高面（猿田彦命）を神官がつとめるなど、神職を中心とする神社主導の行列へと変化していった。明治政府による祭祀祭式制度が統一されていく中で、神田祭の行列にも変更が加えられていったのである。

七年の神田祭は、先述した平将門霊神と少彦名命の祭神改変の直後に行われた祭礼であった。氏子たちは平将門霊神の祭神改変を不服に思い、その怒りを神田祭に向け、そのため氏子町々よりの出銀も大幅に減少した。その影響で行装も省略され氏子町より山車や附祭も出されず非常に寂しい光景であったという。

さらにそれに加えこの時期、文明開化や国際化に反する風俗など当時の生活全般への規制を目的として明治五年に制定された条例・違式詿違条例《いしきかいいじょうれい》も、祭礼縮小へ影響したと推測される。この条例で祭礼の寄付に関する取締の条例が定められた。また祭礼弊害取締（明治六年）、祭礼飾取締（明治七年）、神輿巡行取締（同年）、諸社祭礼祝取締（同年）、祭礼開帳等の風俗取締（明治九年）など、祭礼に関する取締り事項が多く達せられ、神田祭をはじめとした祭礼風俗が規制された。

神田神社宮司　大鳥居信史

明治九年、氏子から東西隔年では神輿渡御が町によっては五年目になり不都合だという声があがり、この年より、九月十五、十六日の二日間で全氏子区域を一度に神輿が渡御することになった。道筋もより細密となり、そのため御仮屋が雉子町の黒住宗篤講社に設置されることになった。十五日当日は雨天のため延期となり、実際には十七、十八日の巡行となった。またこの頃より九月十四日もしくは十五日に、社殿内において例大祭が行われるようになり、祝詞では皇室及び明治政府と氏子区域の人々の無事安全が祈願された。

明治十三年、神輿渡御が二日間から三日間に増え、好景気も手伝って氏子町より山車が十四本、附祭（踊台）も二荷が出された。山車を出した町々の中には、神保町四ヵ町など新たに氏子となった新開町も多く含まれていた。十五年、同年に流行したコレラの影響により十月に延期されたが、山車が氏子町より三十本以上も出され、踊屋台も出されて非常に賑わった。

〈近代最大の神田祭〉

明治十七年の神田祭は明治以降近代の中で最大の賑やかさを誇り、新聞で連日報道されたり、錦絵のテーマとして多く描かれたりした祭礼であった（図17、図18）。山車が四十六番四十六本と番外二本の計四十八本、踊屋台も五荷が出された。この年は九月十四日から十六日の巡行を予定しており、数日に渡るため日本橋区本船町河岸と同区・両国米沢町二丁目に御仮屋を設置することとなった。両国はこの頃、新たに氏子に加わった町であった。

明治十七年の神田祭は江戸時代のように、神輿と山車、附祭などが揃って巡行するのではなく、神輿と山車の巡行路、巡行した日が違った。おそらく明治時代以降の神田祭は、神輿と山車とで道筋も時間も違っていたことが推測される。

この年の神田祭では、当日大暴風が起こり、その影響により三十七番の春日龍神と三十八番の弁財天の山車は町内に据え置かれるのみで、実際には出されなかった。また、同じく大暴風により神輿渡御もできず、十九日まで両国に設置された御仮屋に奉安された。

同十九年、コレラ流行のため翌年に延期となり、二十年に行われた。山車四十一番四十一本と番外一本、踊屋台四荷が出され賑やかに行われた。この年は九月十四日より十七日の四日間を予定していたが、大暴風雨のため順延し、十五、十六日で巡行が行われた。二十二年は、前年同様に九月十四日から十七日までの四日間を予定していた。当時の新聞では、山車が一四番出されると報じられ賑やかに行われたことが推測される。

図 17　明治 17 年の神田祭風景

図 18　錦絵に描かれた明治 17 年の神田祭
（『神田祭礼だし一覧』〔部分〕歌川国利・画）

この間、神田祭で出された氏子町々の山車の一部が、十年の内国勧業博覧会、二十二年の東京開市三〇〇年祭と憲法発布祝祭、三十一年の奠都三十年祭や神田市場創始二百年祭、また三十八年の日露戦争凱旋祝賀祭などで引き出されたり飾られたりした。

〈九月から五月への祭月変更〉

明治二十四年、日枝神社の山王祭と交互に祭礼を行なう旧例に戻すため、翌二十五年に神田祭の日程が変更された。さらに祭礼月の九月が改暦の影響で季節的に大暴風雨が多く疫病も流行しやすい時期であったところから、神輿や山車の渡御を五月に変更することになった。なぜ五月になったかというと、神田明神が元和二年に現在の千代田区外神田の地に遷座した月が旧暦四月つまり新暦五月であり、神田明神にとって特に縁が深かったためであった。なお例大祭は、通常通りに九月十四、十五日に行うこととされた。

当初の予定では二十五年の神田祭も、各町山車を出して賑やかに行われるはずであった。例えば氏子町のひとつ、鍛冶町では江戸時代から引き出していた小鍛冶宗近人形の山車を修復改造し行列に加えるなど、各町でも同様の支度が行われていた。しかし同年四月十日午前零時頃に神田区猿楽町より出火した神田の大火により、小川町、表神保町、錦町など神田明神の氏子町々が多く類焼してしまった。そのため神田区長や氏子総代からの説諭もあり、この大火で被災した町々があるのに近傍の町が賑やかに祭を行うことはできないであろうという配慮から、山車や屋台を出さず質素に行うことが各町で決められ、結果的にほとんど山車などは出されなかった。

明治以降、神田祭において山車や踊屋台の数は一定しなかった。山車は、五年は三十五本、七年はなし、十三年は十四本、十五年は三十二本、十七年は四十八本、二十年は四十二本、二十二年は十四本と一定しなかった。また山車を出す氏子町も同じ町が出すというわけではなく、順番も一定していなかった。各年の山車を出した氏子町を見ると、神保町や小川町など繁華街になり潤沢な費用があった新開町や、小伝馬町など日本橋の町々も山車を曳き出すようになっていった。これは、神田祭が氏神祭礼へと変化し、江戸幕府からの規定も解除されたため、各氏子町の経済状況などにより山車や附祭を出したり出さなかったりするようになったからと推測される。

〈江戸の山車祭のゆくえ〉

明治三十一年の神田祭において、神田明神と氏子町の間で山車の今後の取り扱いについて話し合いが行われた。その結果、不景気と電信線の障害により山車巡行が困難なため、山車は各町内にそれぞれ飾り付けられることになった。三十三年の神田祭では豊島町と旅籠町の山車、三十五年では鍋町や小伝馬上町、旅籠町の山車が各町内に飾り付けられた。また三十八年の日露戦争凱旋の祝勝行事の一環で、鍛冶町、豊島町、須田町、多町二丁目、通新石町、佐柄木町、連雀町の山車が万世橋袂に飾り付けられた。

先述したが同三十八年、氏子より戦捷記念として「神田明神記念博物館」もしくは山車が観覧できる施設のついた倉庫を建立し、氏子町の山車を展示し保存しようという議案が出され、残された山車が散逸しないようにと話し合われたが、結局、博物館や倉庫の建立は実現しなかった。

山車の中には、各地方に売買や譲渡されたり外国へ輸出された山車もあった。現在、東京都青梅市森下町が所有する武内宿禰の山車は、明治四年頃に同町が神田三河町四丁目から購入したものであった。また現在、千葉県鴨川市の山王講が所有する山車は、四十二年に新石町一丁目の山車と白壁町の山車人形・恵比寿を購入して組み合わせたものであった。鴨川市の諏訪講では明治四十三年に神田鍋町の神功皇后の山車、また同町は大正期に松田町の源頼義の山車を購入している。

〈樽神輿、子供神輿、町神輿〉

明治三十年代頃に、樽神輿を奪い乱暴狼藉をはたらく者が頻出するようになった。樽神輿とは薦包みの酒樽を神輿風に飾り付けたもので、本来子供たちが担いで楽しむためのものであったが、若者がこれを奪い取って祭りに協力しなかった者の家などに乱入して暴れたりしたのである。そのため樽神輿が喧嘩騒動の原因となるとして警察が警戒するほどであった。

樽神輿の騒動は、宮神輿の担ぎ手への規制からきていたと推測される。明治十六年の山王祭で本社神輿を担ぐには白丁を着て粛々と担ぐことが義務づけられたり、三十七年の赤坂氷川神社大祭で宮神輿を担ぐ者が白丁の人夫に限られたことを、若者が不満としたとの記事が見られる。神田祭でも三十年代には、宮神輿は有馬組が手配した白丁の人夫が担ぐように決められていた。

樽神輿の乱暴騒動と同時期に、子供神輿も徐々に作られていくようになった。三十五年の浅草神社の三社祭では山車や子供山車とともに子供神輿が担がれ、三十九年の神田祭では旭町、紺屋町など六ヵ町の氏子町で子供神輿が担がれた。

三十九年の神田祭では、宮神輿や神職をはじめとして祭り装束や大太鼓が新調された。この時期、東京各神社の祭礼を報道した新聞には、神輿の写真や挿絵が山車よりも多く掲載されるようになった。

四十二年の富岡八幡宮・深川八幡祭りで、氏子町による町神輿は大小合わせ五十四基が出されることになり、各新聞でも大々的に取り上げられた。このメディアへの町神輿の登場後、各神社の氏子町で多くの町神輿が製作されていくようになり、東京の神社祭礼は山車祭から町神輿渡御へと変容していくのであった。

大正時代に入ると、ますます町神輿は隆盛していった。大正四年（一九一五）の山王祭で、神輿が一時留まる神酒所が六十余所つくられ、深川八幡祭りで町神輿三十九基が担がれた。

大正時代以降、神田明神の氏子町でも多くの町神輿を製作するようになった。大正六年に神田神社の摂社・小舟町八雲神社（作者不明）、九年に多町二丁目町会（秋山三五郎作か）、十年に神田神社の摂社・江戸神社、神田神社の佐柄木町一基（宮惣作）、十四年に淡路町二丁目町会（宮本重義作）、佐久間町三丁目（図19）、十五年に神田末広町会（だし鉄作）、元佐久間町町会（宮惣作）などが、記録で確認できる。

図 19　大正時代の町神輿

〈大鳳輦の誕生──新しい祭礼文化の創造〉

大正十一年、宮神輿二基にかえて大鳳輦一基を新調することになり、威儀物も含め鳳輦を三万円を費やし京都に注文した（図20）。大鳳輦は、今日残された古写真類より、男山石清水八幡宮、鞆淵八幡神社や北野天満宮などの鳳輦の形態を参考に製作されたと推測される。また神職の装束や楽人の楽器、御楯や御鉾、錦蓋や菅蓋なども新調されたが、これら威儀物は関保之助により考査されたうえで製作された。この大鳳輦を担ぐ時には、冠装束以外の者は担げないこと、所役の他は大鳳輦に触れてはいけないことが、神社側より氏子各町々に注意事項として告知された。

大鳳輦への変更は、江戸の神社祭礼の伝統ではなく、京都を中心とした神社の古式、あるいは「古代の式」にならった行列の誕生であり、新しい祭礼文化の創造であったと言える。その一方で十一年の神田祭で新調された社司用の輿は、江戸時代の神田祭で神主が乗った神主轅の形に似たものが作られ、江戸時代の神田祭の歴史が文化資源として活用されたのであった。

大正期以降、新たに鳳輦をつくり京都を手本とした古代的な行列が志向され、駕輿丁も

図 20　大正 11 年に新調された大鳳輦

冠に装束を着て静々と担ぐことが義務付けられた。その一方で、氏子町々はそれぞれ各町で町神輿をつくり、揃いの半纏あるいは浴衣の姿で、掛け声をあげながら賑やかに神輿をもみ担ぎするという新しい形態を形作っていった。この鳳輦と町神輿という、江戸時代の神輿と山車、そして附祭を中心とした行列とは違う、東京独自の新しい祭礼文化が大正期に創造されていったのであった。

関東大震災で大鳳輦は焼失してしまったが、その後、葱華輦一基が製作され渡御した。昭和九年、社殿が鉄骨鉄筋コンクリート造で再建され、その奉祝大祭として神田祭が行われた時には、新たに二の宮神輿が加わり五日間渡御したが、土地区画整理や町名変更などの影響により巡行路は大幅に変更された町もあった。また氏子町々では焼け跡整理や自警、配給などのために急いで町会が組織されるようになり、それにより町神輿も多く作られるようになったようだ。

昭和十七年になると、戦時下突入ということもあり、十五年までの渡御が六日間前後であったのに対して三日間に短縮され、葱華輦行列のみの渡御となった。そして十七年を最後に十年間、神田祭は中止となった。

神田祭——戦後から現在まで

〈鳳輦神輿の復活〉

昭和二十七年四月に占領政策が解除されて以降、東京が日本および江戸文化を取り戻していく中、歩を合わせるように神田祭も徐々に盛り上がりを見せていった。

神田祭・神幸祭の復活も昭和二十七年で、新調された鳳輦一基が神職や氏子総代とともに、三日間をかけて神田日本橋の氏子区域を巡行した。鳳輦は宮惣・村田喜一郎により新調され、大槻装束店によりその装束も拵えられた（図21）。その形態から大正十一年に新調された大鳳輦がモデルにされていることが推測される。また氏子町により町神輿が徐々に新調されていく中で連合の宮入参拝が初めて行なわれた。なお二十七年にさかのぼること二十年代前半に、町神輿の渡御が一部の町会で復活していた。

二十九年には、祭の名称を渡御祭から「神幸祭」に改め、三十三年に江戸神社の神輿が新調されるなど往時の神田祭の姿を取り戻していった。

図 21　昭和 27 年に新調の鳳輦

がしかし、昭和四十年代に入ると、自動車普及による交通事情悪化のため、四十三年より神幸祭が二日間と縮小され、その後、五十二年より一日となり現在に至っている。
昭和五十年、先年に三越より奉納された二の宮神輿が行列に加わり、五十八年には獅子頭山車が復活した。
さらに、昭和五十九年にご祭神に正式復座された平将門命をお乗せした神輿（この時は小舟町八雲神社神輿を借りた）が六十年に加えられ、その後、昭和六十二年に三の宮鳳輦が新調された。その年の神田祭は三の宮平将門命神輿復興奉祝記念として賑やかに行われた。これ以後も御神宝や威儀物、装束などが新調され行列が整えられていった（図22）。

〈附け祭の復活〉

平成二年、江戸時代に一番山車をつとめた諌鼓山車を復活。また平成より附祭が多く出されるようになる。二年に福島県南相馬市・相馬野馬追騎馬武者行列、四年に茨城県水府村・町田火消行列、六年に茨城県岩井市将門武者行列とクライスデールワゴンパレード、八年に静岡県大須賀町・三熊野神社の祢里（一本柱万度型山車）、十三年に巨大な赤ちゃん「ひいろちゃん」の曳き物が出された。十五年には、東京藝術大学生製作の曳き物が初めて参加したが、参加した曳き物は東京藝術大学の文化祭・藝祭で一年生により製作され担がれたものの中で、同大で行われた御輿のコンテストで神田明神賞を受賞したものを曳き物にしたもので、現在も参加が続いている。

十七年には、江戸時代の資料から大鯰と要石の曳き物の復活、NTTコミュニケーションズのマスコットキャラクター・ジョリーのバルーン、三越日本橋本店新館に飾られた宮田亮平先生作のシュプリンゲンを模したバルーン「飛翔」など、氏子及び関係企業より曳き物が出された。十九年には大江山凱陣曳き物・練物、二十一年にアニメのキャラクター・ケロロ軍曹の曳き物と、二十五年には花咲爺さんの曳き物、二十七年に静岡県・三熊野神社の祢里、二十九年にはこち亀バルーンなど、江戸時代の行列の復元やアニメ・漫画とのコラボによる附祭も多く出されるようになっていった（図23）。

平成六年五月、江戸神社の千貫神輿が七年ぶりに宮入し、平成十一年五月には、末社魚河岸水神社の神輿が初めて宮入した。またこの年、江戸神社の千貫神輿は五年ぶりの宮入であった。なお神田祭の時には毎回、魚河岸会が所有する賀茂能龍神人形の江戸型山車が神田明神境内に飾り付けられる。

二の宮少彦名

図23　現代に復活した附け祭

〈神田祭とインターネット〉

平成十三年の神田祭の時に神田祭・神輿宮入の模様をインターネットで動画配信をし、平成十五年『eコミュニティー神田祭・KIXプロジェクト』で神輿宮入の模様をインターネットで生中継する試みを行った。その後、平成十六年五月の蔭祭の時に大神輿渡御の模様をインターネットで動画配信し、さらに翌十七年五月に『インターネットTV神田祭・ch』と題して神田祭・神輿宮入の模様をインターネットで十一時間生中継して、神田祭を全世界に配信した。

この試みは現在も続いており、神田祭ごとに生中継を行なっている。平成十八年五月の蔭祭では『ライブログ神田祭・ch』と題して、大神輿渡御と将門塚保存会大神輿渡御をブログで中継した。平成十九年、ブログページで神幸祭の動画を初配信、さらに神輿宮入の模様をモバイルサイトで初配信した。平成二十九年五月、神幸祭の模様を一部生中継し初配信した。

神田祭は、その時代時代の人々が受け入れやすい新しい形に創造され、その創造が繰り返されることにより、長い歴史を有する。それとともに、常に活き活きとして各時代で注目される祭礼として、今なお連綿と続いている。こうした祭礼の伝統は守るだけでは枯渇する。神田祭に関わる神職や氏子たちは、神輿から鳳輦へ、山車から町神輿へと、次々と新しい伝統を創造して神田祭を続けている。この神田祭が持つ伝統の創造性こそが、連綿と神田祭を継承していく力になっているのである。つまり神田祭という伝統は常に革新を続けているのである。

歴代の天皇と神田祭

明治七年に明治天皇のご親拝があり、その後昭和十五年に「明治天皇御臨幸記念碑」が建立されたことは先述したが、その後も天皇御即位奉祝などにおいて、氏子町の山車が出されたり、皇居前などで神輿が担がれたりした。

明治二十二年二月十一日、大日本憲法が発布されると、その奉祝行事で神田界隈から山車が出され、明治三十一年の奠都三十年祝賀会でも神田界隈の山車が数本出された。

大正四年十二月、大正天皇御即位奉祝で、神田界隈で山車が数本飾り付けられ、さらに二重橋前では町神輿が担がれた。昭和三年の昭和天皇御即位奉祝でも、皇居前で町神輿が担がれ神輿振りが披露された。

戦後、昭和三十一年五月十四日の神田祭の時、昭和天皇が上野公園で行われる第四十六回日本学士院授賞式に自動車で向かわれている途次、神田淡路町から司町にかけて三十基もの町神輿が沿道にならんでお迎えしたという。賑やかな神輿担ぎに昭和天皇も笑顔で会釈されたと、当時の新聞で報道されている（『朝日新聞』昭和三十一年五月十五日）。

昭和天皇御即位五十年奉祝として随神門が建立され、六十年奉祝の時には十一月十日、上野広小路より日本橋三越本店前までの中央通りに奉祝の行列がパレードしたが、神田明神から神田囃子、獅子頭山車が参加したりした。

平成の御代になり、平成二年に天皇陛下御即位奉祝として社殿右側に獅子山が建立され、十一月に上野銀座間で行われた奉祝パレードで、諌鼓山車と獅子頭山車、七色旗、将門太鼓が参加した。

平成十一年十一月十二日、天皇陛下御即位十年奉祝国民祭典が行われ、その中で青森ねぶたや日枝神社の宮神輿とともに、東京の祭りを代表して皇居外苑広場において大神輿が

図 24　平成 21 年の天皇陛下御即位奉祝大神輿渡御

氏子有志により渡御した。

平成二十一年十一月十二日、天皇陛下御即位二十年奉祝国民祭典の日、皇居外苑に設けれたお祭り広場で、東京の諸神社の神輿や山車とともに、大神輿と獅子頭山車が氏子有志の手により渡御した（図24）。

そして平成三十一年五月、神田祭は「皇紀二千六百七十九年五月一日天皇陛下御即位奉祝記念　神田祭」として行われる。

V

付・創建一千三百年と文化交流館について

江戸の中でも古い由緒をもつ神田神社は、十年後には、ご創建一千三百年の節目を迎えます。現在、その記念事業として、次代にむけて都市型神社のあるべき方向性を見据えた境内整備事業が計画・着手されています。そのさきがけとして、このたび新たに境内西側に「文化交流館」が建設されました。

文化交流館の館内には、神札授与所や参拝受付をはじめ、参拝者のやすらぎの場となる茶店やお土産物売店などとともに、四百名が収容可能な、二・三階吹き抜けの多目的ホールや、セミナールームや貴賓室などが設置されて、外国人観光客を含む多くのご参詣の皆さまが、「楽しみ・学び・交流する」施設となることを目指しています。

江戸時代の神田明神は、多くの文化を大切にする人々が身分を問わずに参詣して、境内ではお能や茶の湯をはじめ連歌や国学など、多種多様な文化的な行事・会合が催されて、江戸文化の華が見事に咲き誇ってきました。

当時は、鎖国の時代とも言われていますが、江戸には長崎出島の交易を通じて、ヨーロッパをはじめ中国・インドや東南アジアから、さまざまな文化・文物が到来して、グロー

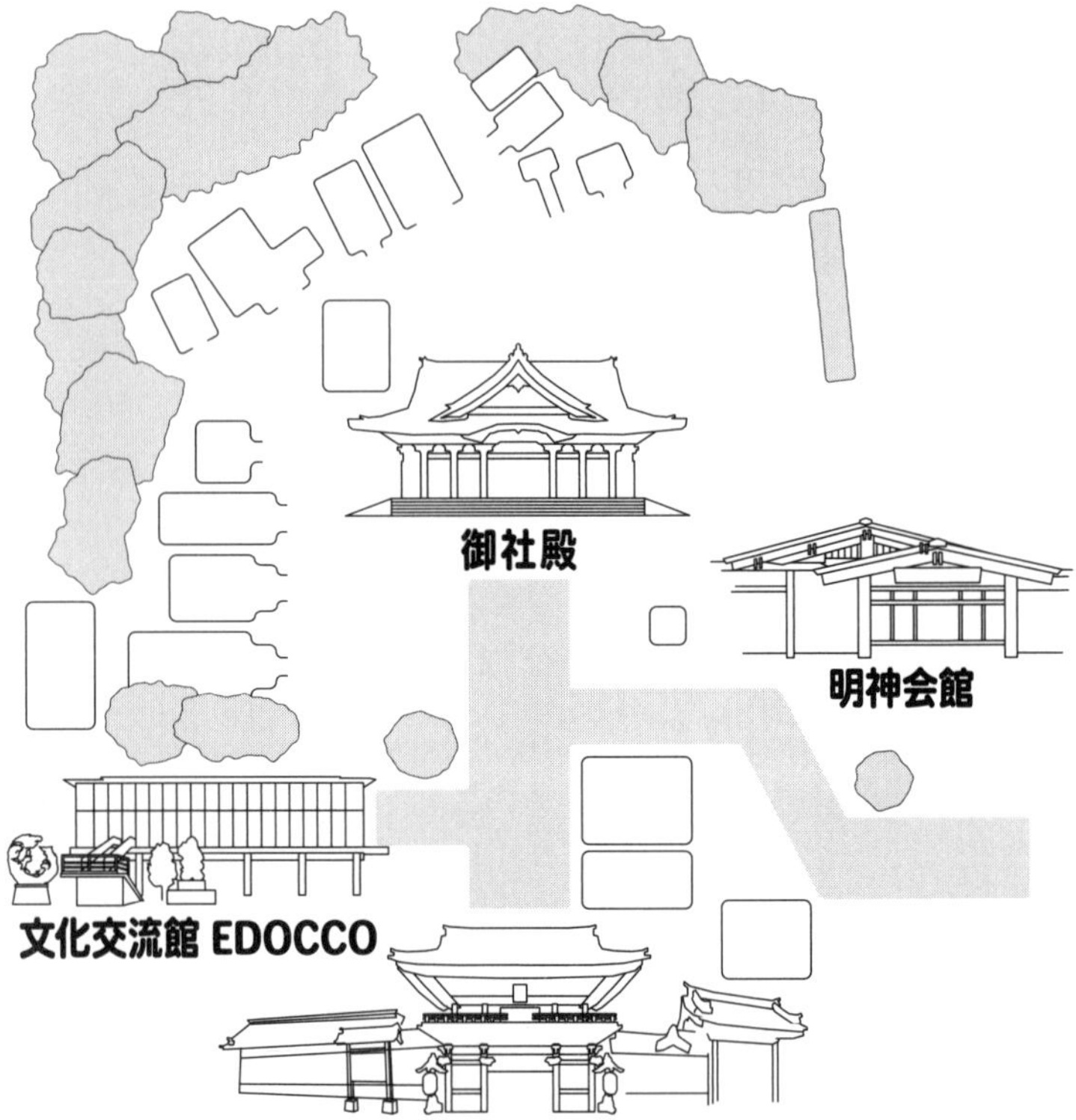

＊　地下通路で、御社殿と明神会館、
そして文化交流館がつながっている。

4F
神田神社 貴賓室
3F
神田明神ホール
ホワイエ
2F
1F
神田神社 神札授与所
EDOCCO SHOP IKIIKI
EDOCCO CAFE MASUMASU
B1F
EDOCCO STUDIO

バルな海外との文化の相互交流があり、そうしたことを背景に、江戸時代の文化の隆盛はあったのです。

いまや世界はグローバル化の時代、日本もまたその波とともに大きな激動の時代を迎えております。神社神道が大切にする価値観の多様性はそのひとつの指標でもあります。そのときにあたって、神田明神は文化交流館というこの新しい場から、「神道のこころ」、江戸文化・日本文化を新たに発信してまいりたいと思うのです。

世界各地との相互の交流による影響を基にして、新たな文化の創造を目指してまいります。江戸総鎮守の伝統を受け継ぐ神田神社から、新しい日本の文化が生まれますことを心から願っています。

主要参考文献・神田明神関係書籍

神田神社『神田神社社報』第一輯〜五輯、昭和二十二年〜四年

梶原正昭、矢代和夫『将門伝説――民衆の心に生きる英雄』新読書社、昭和四十一年

遠藤達藏『史蹟　将門塚の記』史蹟将門塚保存会、昭和四十三年

神田神社『江戸総鎮守　神田明神』第一号〜第七十一号　昭和四十七年〜平成三十年

神田神社『神田明神祭礼絵巻』神田神社、昭和四十九年

神田明神史考刊行会『神田明神史考』神田明神史考刊行会、平成四年

江都天下祭研究会神田倶楽部『明神さまの氏子とお神輿』武蔵野書院、平成十三年

江都天下祭研究会神田倶楽部『四〇〇年目の江戸祭礼――その風景と情熱の人々』平成十六年

神田神社『神田祭大図鑑（DVD）』神田神社、平成十七年、十九、二十一、二十五、二十七、二十九年

都市と祭礼研究会『天下祭読本』神田明神選書1、雄山閣、平成十九年

神田明神『巫女さん入門　初級編』朝日新聞出版、平成二十年
木下直之、福原敏男『鬼がゆく　江戸の華　神田祭』平凡社、平成二十一年
都市と祭礼研究会『江戸天下祭絵巻の世界――うたい　おどり　ばける』神田明神選書2、岩田書院、平成二十三年
神田神社『巫女さん作法入門』朝日新聞出版、平成二十三年
福原敏男『江戸最盛期の神田祭絵巻――文政六年　御雇祭と附祭』神田明神選書3、渡辺出版、平成二十四年
岡田莊司、笹生衛『事典　神社の歴史と祭り』吉川弘文館、平成二十五年
福原敏男『江戸の祭礼屋台と山車絵巻』神田明神選書4、渡辺出版、平成二十七年
藤田大誠、青井哲人、畔上直樹、今泉宜子『明治神宮以前・以後――近代神社をめぐる環境形成の構造転換』鹿島出版会、平成二十七年
神田明神『神社のおしえ』小学館、平成二十七年
秋本治『こちら葛飾区亀有公園前派出所　8巻』集英社、平成二十八年
神田神社『江戸総鎮守神田明神論集』I、神田神社、平成二十九年
岸川雅範『江戸天下祭の研究――近世近代における神田祭の持続と変容』神田明神選書5、

岩田書院、平成二十九年
國學院大學研究開発推進機構学術資料センター『神輿文化を考える』平成二十九年
小倉実、神田明神『日本人入門——海外と向き合うビジネスパーソンに向けて』ブームブックス、平成二十九年
神田明神『掃き清める新しい暮らし——神様が宿る家の清め方』大和書房、平成二十九年
秋野淳一『神田祭の都市祝祭論——戦後地域社会の変容と都市祭り』岩田書院、平成三十年

著者紹介

大鳥居信史（おおとりい　のぶふみ）神田神社宮司
昭和14年、東京生まれ。國學院大学文学部文学科卒業。昭和39年、神田神社に奉職。昭和46年、立石・熊野神社宮司に就任。昭和58年、葛飾区・熊野幼稚園園長に就任。昭和62年、神田神社宮司に就任。東京都私立幼稚園連合会理事、神道政治連盟副会長、東京都神社庁顧問、國学院大学院友会理事などを歴任。

清水祥彦（しみず　よしひこ）神田神社権宮司
昭和35年、東京生まれ。國學院大学文学部神道学科卒業。昭和58年、鎌倉・鶴岡八幡宮に奉職。昭和62年、神田神社に奉職。東京都神社庁副庁長、神道政治連盟東京都本部本部長、特定非営利活動法人・神田学会理事。

岸川雅範（きしかわ　まさのり）神田神社権禰宜
昭和49年、東京生まれ。國學院大学大学院文学研究科神道学専攻博士課程後期修了。博士（神道学）。平成16年、神田神社に奉職。著書に『江戸天下祭の研究——近世近代における神田祭の持続と変容』（岩田書院、平成29年）など。

神田明神のこころ

平成三十年十二月十三日　第一刷発行

編著者　大鳥居信史
発行者　澤畑吉和
発行所　株式会社　春秋社
東京都千代田区外神田二―一八―六（〒一〇一―〇〇二一）
電話（〇三）三二五五―九六一一（営業）
（〇三）三二五五―九六一四（編集）
振替〇〇一八〇―六―二四八六一
http://www.shunjusha.co.jp/

印刷所　萩原印刷株式会社
装　丁　美柑和俊
定価はカバー等に表示してあります。
 ISBN978-4-393-29950-0